Wolf C. Ebner

Der heilsame Ehekrach

Wolf C. Ebner

DER HEILSAME EHEKRACH

Von reinigenden Gewittern und Scherben, die Glück bringen

Ariston Verlag · Genf/München

CIP-Titelaufnahme der Deutschen Bibliothek

Ebner, Wolf C.:
Der heilsame Ehekrach : von reinigenden Gewittern
und Scherben, die Glück bringen /
Wolf C. Ebner. – Erstaufl. – Genf ;
München : Ariston-Verlag, 1990
ISBN 3-7205-1611-3
Vw: Elsner, Wolfgang → Ebner, Wolf C. [Pseud.]

Gestaltung des Schutzumschlages:
H. + C. Waldvogel, Grafik Design, Zürich

Satz: RSM, Reutte/Tirol
Gesamtherstellung: Wiener Verlag, Himberg bei Wien

Erstauflage August 1990
Printed in Austria

ISBN 3-7205-1611-3

Inhalt

1. EINLEITUNG ... 9
Jede Ehe ist ein Kompromiß ... 11
Das Reizvolle wird unansehnlich ... 13
Jeder Mensch ist ein Individuum ... 16

2. WIE EIN HANDFESTER STREIT ZUM HEILSAMEN NATUREREIGNIS WIRD ... 19
Was sich liebt, das zankt sich! ... 21
Worte dürfen nie zur Waffe werden! ... 22
Machen Sie Ihrem Herzen ruhig Luft! ... 24
Wie meistern Sie einen Krach? ... 28
Sehr oft geht's unfair zu ... 29
Wie sagt man's denn am besten? ... 32
Die Spielregeln einhalten! ... 35
Geben Sie Ihre Fehler ehrlich zu! ... 38
Weinen wirkt Wunder! ... 41
Am übelsten sind die Nörgler! ... 42
Ein anständiger Stunk reinigt die Luft! ... 45

3. VON DER EIFERSUCHT ZUM EHEBRUCH: ZERREISSPROBEN EINER EHE ... 51
Schwindeln Sie gekonnt! ... 53
Warum tut die Eifersucht weh? ... 55
Wie eifersüchtig sind Sie? ... 58
Ehebruch – der Tod einer Partnerschaft? ... 62
Nicht immer hat nur einer die Schuld ... 65
Warum neuerdings immer mehr Frauen fremdgehen ... 66
Der »geistige« Ehebruch ist am gefährlichsten! ... 69
Restlose Offenheit kann nur schaden! ... 73

4. SCHEIDUNG MUSS NICHT SEIN! ... 77
Erste Hilfe für Ehepannen ... 79
Wie sieht es in Ihrer Ehe aus? ... 81
Kann Beratung eine Ehe retten? ... 83

So läßt sich eine Scheidung verhindern ... 84
Wie steht's um Ihr Nervenkostüm? ... 88
Verstehen Sie sich selbst! ... 91
Was versteht man überhaupt unter »Reife«? ... 95

5. Die unliebsamen »besseren« Hälften ... 99
Wenn der Hausdrache regiert ... 101
Die Männer sind auch nicht besser! ... 104
Ganz schlimm: das Muttersöhnchen! ... 107
Vorsicht vor den »Fürsorgerinnen«! ... 110
Ein Kind? Um Gottes willen, nein! ... 113
Sie kann ihn nicht aufgeben ... 116

6. Niemand ist vollkommen ... 119
Von Heiratsschwindlern lernen ... 121
Höflichkeit ist keine Schwäche! ... 122
Männersünden ... 124
Frauliche Fehler ... 126
Launen sind schrecklich! ... 127
Wie empfindlich sind Sie? ... 130

7. Liebe und Sex sind zwei Paar Schuhe ... 135
Kann man Liebe und Sex trennen? ... 137
Der Sex wird überbetont ... 139
Auch das Finale ist wichtig! ... 142
Nur sehr wenige Frauen sind wirklich frigide! ... 144
Zärtlichkeit ist überaus wichtig! ... 147
Zartgefühl ist Medizin! ... 149

8. Verjüngungskur für die Ehe ... 153
Heiratsgrund: Angst vor der Einsamkeit ... 155
Richtiges Zuhören ist wichtig! ... 157
Tips für bessere Gespräche ... 159
Ein Programm zur Problembeseitigung ... 162
Machen Sie Nägel mit Köpfen! ... 165
So verläuft eine »Ehekur« ... 167
Wieder zueinanderfinden! ... 169

Beiderseitige Amnestie 171
Im Urlaub gibt's die meisten Krisen 172
Getrennter Urlaub – ja oder nein? 175

9. EHEHINDERNISSE 179
Können Sie überhaupt lieben? Testen Sie sich! 181
Liebe und Verliebtheit sind zweierlei 182
Leidenschaft schafft nur Leid! 187
Kann eine Ehe »ausgewogen« sein? 189
Welcher Partner ist der richtige? 191
Die schlimmen Vergleiche 193

Literaturhinweise 199

Sachregister 203

1

Einleitung

Jede Ehe ist ein Kompromiß

Vorweg: Warum haben Sie dieses Buch gekauft? Warum haben Sie es zur Hand genommen? Ganz klar: Weil es in Ihrer Ehe zuweilen kracht. Ob laut oder leise, das sei dahingestellt – aber es kommt immer wieder zum Streit, und darunter leiden Sie. Ihr Partner wahrscheinlich auch – Sie hoffen es sogar, denn wer will schon so einen Klotz an seiner Seite haben, dem ein ehelicher Disput nicht an die Nieren geht? Doch ein Ehekrach ist lästig, und am liebsten würden Sie einen großen Bogen um ihn machen, stimmt's?

Es stimmt – denn wie gesagt: Sonst hätten Sie nicht nach diesem Buch gegriffen! Sie hoffen, daß es Ihnen behilflich ist, ehelichen Streitigkeiten in Zukunft aus dem Wege zu gehen.

Also, wenn Sie wirklich so denken, haben Sie mit Zitronen gehandelt! Hätten Sie nämlich den Titel des Buches – »Der *heilsame* Ehekrach« – genau gelesen, wäre Ihnen schnell ein Licht aufgegangen! Richtig: Hier geht es darum, gekonnt zu streiten – manchmal sogar mit Macht!

Aber: Ein Ehekrach soll »heilsam« sein? Natürlich, denn: »Was sich liebt, das neckt sich!« Nur wenn Sie mit Ihrem Partner diskutieren, mit ihm Ihre Kräfte messen, bleibt Ihr Eheleben in Bewegung. Das geht zuweilen nicht ohne Schrammen ab, ist jedoch immer noch besser, als wenn Sie Ihren Partner nur als Mülleimer für Ihre Probleme benutzen. Wer seine Ehe als Entsorgungsstation mißbraucht, zerstört sie.

Aber was ist die Ehe überhaupt? Die Ehe ist ein permanenter Dialog, bei dem wir ständig lernen, entdecken, wachsen. Die Ehe ist die größte Herausforderung an den Menschen – müssen wir doch immer wieder die Fehler des anderen übersehen oder korrigieren, die eigenen Unzulänglichkeiten erkennen und abstellen. Die Ehe ist ein ständiges Nachgeben und Verzeihen, ein pausenloses Sichwandeln und Sichanpassen, ein Kompromiß vom Anfang bis zum Ende.

Da stellt sich doch sofort die Frage: Warum sucht man sich nicht einfach einen Partner, der von Anfang an zu einem paßt?

Ja – wer paßt zu wem? Gibt es überhaupt ein Idealbild?

Was ist dran an der Legende von den zwei Hälften, die einander suchen und sich gemeinsam naht- und fugenlos ergänzen, die nur miteinander ein Ganzes werden können?

Gar nichts! Denn soweit wir ehrlich sind, fühlen wir uns unvollkommen und ergänzungsbedürftig. Was liegt also näher, daß wir das, was uns fehlt, im Lebenspartner suchen? Zwar mag es sein, daß man den Ersehnten, den einzigen findet, aber wahrscheinlich ist nur einem unter einer Million Paaren dieses Glück des nahtlosen Zusammenpassens beschieden.

Aber auch in diesem »Idealfall« ist zu bezweifeln, ob die beiden wirklich das große Los gezogen haben. Weil der Mensch von Natur aus und seiner Bestimmung nach ein Einzelwesen ist, etwas Unteilbares, ein – wenn auch unvollkommenes – Ganzes. Eine Kreatur, die selbständig ihren Weg gehen muß und wohl einen Begleiter brauchen kann, nicht aber eine Ergänzung.

Nahezu jeder von uns ist ein Wesen mit allerlei charakterlichen Unebenheiten, die abgeschliffen werden müssen. Oftmals hat der Partner ebenfalls solche Ecken und Kanten, die sich beim Zusammenleben nach und nach »abnutzen«.

Eine echte Partnerschaft ist also ein gegenseitiges »Auf-Hochglanz-Bringen«, außen und innen. Dazu muß man nicht zueinanderpassen, man muß nur – die Betonung liegt auf »nur«! – einander lieben und sich gegenseitig Gutes tun wollen.

Allerdings darf das gegenseitige Abschleifen nicht zum deutschen Nationallaster – dem Erziehen – ausarten, indem man dem Partner seine eigene unvollkommene Figur überzustülpen versucht. Er würde entweder daran ersticken oder aber sich eine Weile wohl fühlen – und auf einmal ausbrechen. Demnach ist der Vollkommene kaum der rechte Partner für den Unvollkommenen, der Realist nichts für den Träumer, und der egoistische Mann wird sich kaum an einer opferwilligen Frau abschleifen.

All das läßt sich leicht sagen – aber je unterschiedlicher die Temperamente sind, desto schwerer wird die Angleichung. Meist wird es die Frau sein, die – von Natur aus anpassungsfähiger – zuerst nachgibt, um dann mit einigem Geschick des gerechten Ausgleichs wegen aus der Schwäche des Partners ihre eigene Stärke zu entwickeln.

Das Reizvolle wird unansehnlich

Aber leider überwiegen oft die Schwächen, die nicht selten zu einer Gefahr für die Ehe werden. Da ist die Entlarvung nach den Flitterwochen, die Erkenntnis, daß man sich nicht nur die Vorzüge eines Menschen, sondern auch seine Fehler eingehandelt hat. Da ist die Gewöhnung, die das Besondere zum Alltäglichen und das Reizvolle reizlos macht. Da ist die Bequemlichkeit, die den großen Erfolg eines kleinen Aufwands verkennt, die früheren Höhepunkte einer Liebe einebnet in ein monotones Zusammenleben. Da ist eine falsche »Respekteinstellung«, die aus dem Geliebten nun plötzlich den gestreßten Vater und aus der Liebsten die würdige Ehefrau und Mutter macht. Das Geheimnis der jungen Liebe löst sich auf und geht in die Arbeitsgemeinschaft Ehe über.

Und die schlechten Gewohnheiten stellen sich ein! »Die Liebe überwindet den Tod, aber eine schlechte Gewohnheit kann oft die Liebe überwinden«, schrieb Marie von Ebner-Eschenbach. Hat man einen Menschen erobert und glaubt, seiner sicher zu sein, stellt sich oftmals schon nach wenigen Monaten der graue Ehealltag ein. Man läßt sich gehen, vernachlässigt sein Äußeres und reagiert gereizt, sowie der Partner eine Bitte äußert. Der Mann schimpft, wenn eine Kleinigkeit im Haushalt nicht in Ordnung ist, läßt seinen Ärger, den er im Büro hatte, an seiner Frau ab. Er ist ihr gegenüber brummig, wird aber gegenüber einer netten jungen Dame sofort zum charmanten Gesellschafter. Und wie peinlich und beschämend ist es anzusehen, wenn ein Mann bei einer Gesellschaft alle Anwesenden, besonders die Damen, aufs höflichste begrüßt, seine Frau aber keines Blickes würdigt. Er hat es ja nicht mehr nötig, sie zu umwerben wie einst, weil er sie ja jederzeit haben kann.

Dies gilt natürlich im gleichen Maß für das weibliche

Geschlecht. Schon nach wenigen Monaten Ehe glauben viele Frauen, es sei nicht mehr notwendig, dem Mann ein Anreiz zu sein, ihn durch Charme anzuziehen – denn sie haben ihn ja sowieso erobert. Daher machen sie sich nur noch schön, wenn Gäste kommen oder man gemeinsam ausgeht. Sobald aber »nur« der eigene Mann anwesend ist, ist »ihr« die äußere Erscheinung gleichgültig – und damit bringt sie deutlich zum Ausdruck, daß es seinetwegen nicht lohnt, sich um ein gepflegtes Äußeres zu bemühen.

Eine solche Mißachtung des Ehemanns ist oft reine Bequemlichkeit – kann man doch die Zeit viel besser für den Tratsch mit der Nachbarin verwenden. Doch gibt die Frau damit zu erkennen, daß sie nicht weiß, auf was sie sich einließ, als für sie das große Abenteuer »Ehe« begann. Weil nämlich der enge Kontakt, das dichte Zusammenleben, das eine Partnerschaft mit sich bringt, ein hohes Maß an Achtsamkeit erfordert. Weil es geradezu unvermeidlich ist, daß sich die Partner immer wieder in Momenten sehen und erleben, die für den anderen ernüchternd und desillusionierend wirken.

Und dann ist da noch das leidige gegenseitige Beschlagnahmen des Partners! Die Ehe darf aber kein Zwillingsdasein führen, vielmehr verlangt sie einen respektvollen Abstand zum anderen. Die Durchschnittseheleute jedoch, die zusammenkleben wie die Kletten, machen sich häufig nach drei, fünf oder zehn Jahren nervös. Es gibt nun mal wenige Menschen, die so originell und spannend sind, daß es jahrelang angenehm ist, mit ihnen zusammenzusein. Statt dessen sind wir meist Gewohnheitsmenschen, mit wenigen guten und einer ganzen Menge recht mäßigen Eigenschaften.

Dabei kann es sich um harmlose, winzige Gewohnheiten handeln, die den Partner mit der Zeit in Harnisch bringen. Die Art etwa, wie der andere Messer und Gabel hält, wie er zu husten pflegt, mit welch »alberner« Gebärde er seine Unterschrift unter Briefe setzt. Das »schrecklich fidele Trällern« morgens im Bad kann einem genauso auf die Nerven gehen wie das »banale« Geschwätz, mit dem der Ehemann abends empfangen wird.

Natürlich kann das Gewohnte aber auch seine angenehmen Seiten haben. Die konstante Wiederholung des Alltäglichen ist für manche Leute beruhigend und wohltuend. Aber im großen und ganzen macht ein solcher Rhythmus ungeduldig und unwillig. Daher gehen jährlich etliche Ehemänner mal eben »Zigaretten holen« und verschwinden für immer – weil sie Nähe auf einmal einfach nicht mehr ertragen können.

All das ist anders, wenn sich die Partner respektieren, wenn sie dem anderen gegenüber Zuneigung – auch »Liebe« genannt – empfinden. In solch einer guten und vernünftigen Ehe ist es notwendig, »teilsam« zu denken, zu handeln und zu fühlen. Die Zuneigung soll ein ganzes Leben währen, sie sollte daher sogar immer reicher und tiefer werden.

Tatsächlich ist ein Leben zu zweit schwerer zu ertragen als das Leben allein. Solange man die Gestaltung seines Alltags allein vornehmen kann, gibt's keine Probleme, aber wenn man verheiratet ist, ein anderer ständig da ist, muß man sich auch nach ihm richten. Doch leider verlangen wir oft, daß sich der Partner nach uns richtet, daß er uns unterhält, das Leben verschönt. Er wird für unser Leben verantwortlich gemacht, wir warten auf ihn – und deshalb werden häufig Rechtfertigungen verlangt: wieso sich die Frau so lange bei der Freundin aufgehalten hat, warum der Mann eine Viertelstunde später nach Hause gekommen ist, weil er noch in der Eckkneipe ein Bier getrunken hat. Oder es kommt sogar zu Diskussionen über die Gesichter: darüber, daß man heute so schweigsam ist, darüber, daß man gestern abend im Bett müde war (»du bist ja immer müde«, heißt es dann meist).

Jeder muß mal ein »Gesicht machen« dürfen, wie es ihm gerade paßt. Jeder muß mal seinen eigenen Gedanken nachgehen, sich zurückziehen können, ohne daß er sich gleich vor dem anderen zu rechtfertigen hat. Doch leider ist die Achtung der Unverletzlichkeit der Person überaus selten – Bewunderung oder gar Respekt vor dem Ehepartner findet höchst selten statt. Man erkennt Ehepaare daran, daß sie einander rücksichtslos ins Wort fallen, daß sie zueinander von einer geradezu erfrischenden Unhöflichkeit sind. Weil die Partner voneinander zuviel genossen haben und sich überdrüssig sind. Überdrüssiger geht's nicht!

Jeder Mensch ist ein Individuum

Aber diese Menschen sind nicht etwa eheuntauglich, sondern nur nicht für das Zusammenleben bis zur Unerträglichkeit geschaffen. Sie brauchen Freiraum, um sich entwickeln zu können. Sie können das Aneinanderhängen einfach nicht ertragen und werden ungeduldig und ungerecht, wenn ihnen nicht die genügende Atemluft gegönnt wird. Es gibt zahlreiche Eheleute, die im Grunde genommen hervorragend zueinander passen und sich dennoch über kurz oder lang satt haben. Wenn jeder dem anderen ein bißchen mehr Freiheit gäbe, zum Beispiel die Freiheit, mit seinen Gedanken woanders zu sein (»Du bist immer so abwesend!« heißt es dann), oder ihn abends noch eine Weile in einem Buch lesen ließe, wenn man selbst schon ins Bett geht, sähe das Zusammenleben oftmals anders aus. Ja – der Mensch ist ein Einzelwesen, ein Individuum, das durch die Liebe oder den Hunger nach Liebe mit seinem Partner zusammenhängt!

Und er wird nicht aufhören, ein Individuum zu sein. Die Menschen werden stets die Kunst erlernen müssen, einander nah und doch fern zu sein. Dazu gehört in erster Linie, daß man endlich begreift, daß der andere dem einen nicht gehört, daß er nicht das Eigentum des anderen ist. Und vor allem gehört dazu respektvolle Liebe.

Aber eine Liebe, verbunden mit Respekt – ist so was überhaupt möglich? Ja, aber sie kommt leider höchst selten vor. Viel eher neigen die Eheleute dazu, einander mit einer gehörigen Portion Gleichgültigkeit und unangebrachter Intimität zu begegnen. Und anstatt daß man mit dem Partner besonders rücksichtsvoll und höflich umgeht, kommt es nicht selten zu Besserwisserei, Ungezogenheiten, Erzieherei. Wieso eigentlich?

Häufig aus schierer Eifersucht, weil keiner dem anderen

traut, weil keiner wagt, den Partner seiner Wege gehen zu lassen. Es ist die Besitzangst. Hinzu kommt die Bequemlichkeit, weil man den Partner nicht so umwerben und verwöhnen will, daß man sich des anderen ganz sicher wird. Doch um einander fern und doch nah zu sein, braucht man viel Humor, die Fähigkeit, den anderen immer wieder zu überraschen, – und Liebe!

Und wie sieht es bei Ihnen aus? Haben Sie Ihre große Liebe geheiratet? Dann beantworten Sie bitte die folgenden Fragen:

- o Sind Sie eine kritische Natur?
- o Sind Sie sicher, sie (ihn) auch dann noch lieben zu können, wenn sie (er) ins Unglück geriete oder durch einen Unfall entstellt würde?
- o Fühlen Sie sich als halber Mensch, wenn Sie nicht mit ihr (ihm) zusammen sind?
- o Würden Sie ihre (seine) Zahnbürste benutzen?
- o Ist es für Sie ein echtes, inneres Anliegen, ihr (ihm) eine Freude zu machen?
- o Möchten Sie ihr (ihm) das Leben erleichtern?
- o Glauben Sie, daß Ihre Zuneigung im gleichen Maß erwidert wird?
- o Sind Sie besonders glücklich, wenn Sie lange mit ihr (ihm) allein sein können?
- o Stellen Sie sich immer wieder eindringlich und mit einem besonderen Glücksgefühl vor, wie es wäre, wenn Sie mit ihr (ihm) immer beisammen sein könnten?

Wenn Sie alle Fragen mit »ja« beantwortet haben, sind Sie zu beglückwünschen: Sie haben tatsächlich Ihre große Liebe geheiratet. Aber auch wenn Sie zwei- oder dreimal »nein« gesagt haben, kann Ihre Ehe durchaus glücklich sein.

In einer guten Ehe muß der Partner immer wieder spüren, daß er geliebt wird. Leider gibt es immer wieder den Mann, der dies seiner Frau gegenüber nicht ausdrücken kann. Irgendwann hat er es ihr einmal gesagt und ist nun der Ansicht, sie müsse es für alle Zeiten wissen – »weil ich keine Lust habe, andauernd Süßholz raspeln zu müssen!« Allerdings ist die Liebe keine Aussage, sondern ein Zustand. Diesen Zustand wollen besonders die Frauen immer wieder empfinden und bestätigt haben. Es gibt tausend Möglichkeiten, durch ein Wort oder eine Geste den Partner seine Zuneigung erkennen zu lassen – wenn man die vier Grundpfeiler der Liebe beachtet:

1. Die Liebe braucht *Zeit*. Zwar gibt es die sogenannte »Liebe auf den ersten Blick«, doch die wahre Liebe ist wie ein Samenkorn, das zu einem kräftigen Baum emporwächst. Wir alle brauchen Zeit, um unsere Gefühle zu vertiefen, um die Charaktereigenschaften des anderen zu akzeptieren und zu schätzen und seine Freuden sowie Sorgen zu teilen.
2. Die Liebe braucht *Ehrlichkeit*. Damit ist die tiefe Aufrichtigkeit unseres Herzens gemeint, die dem Partner unser ganzes Wesen offenlegt, einschließlich unserer Charakterschwächen.
3. Die Liebe braucht *Freiheit*. Zwar ist der Wunsch, den anderen ganz für sich zu haben, nur zu natürlich – wir müssen aber begreifen, daß uns das, was wir lieben, nicht mit Haut und Haaren gehört. Keine Liebe darf so ausschließlich sein, daß der andere in einem Käfig gehalten wird.
4. Liebe braucht *Worte*. Ohne Worte können wir den anderen nicht an unserem Leben teilhaben lassen, ihm nicht sagen: »Ich bin stolz auf dich!« Ohne Worte kann kein Unmut an die Oberfläche kommen, kein Streit beigelegt werden.

2

Wie ein handfester Streit zum heilsamen Naturereignis wird

Was sich liebt, das zankt sich!

Aber soll es denn in der Ehe überhaupt zum Krach kommen? Ja, ja und nochmals ja! Alle Verheirateten befehden sich, wenn sie es sich auch nicht immer eingestehen wollen. Eine Ehe, in der es überhaupt keinen Streit gibt, ist an emotionaler Unterernährung verkümmert oder auf dem besten Weg dazu. SIMONE DE BEAUVOIR: »Zwei Liebende, die sich ausschließlich einander bestimmen, sind schon tot: Sie sterben vor Langeweile.«

In einer lebendigen Ehe aber geht's rund: Was sich liebt, das zankt sich. Auslöser sind oftmals scheinbar belanglose Dinge – und hinterher wundert man sich, wie man überhaupt darüber streiten konnte. Aber der Alltag bietet diese Anlässe zu Dutzenden – man braucht nur zuzugreifen.

»Nur keinen Krach auslassen!« – dieser Ausspruch paßt auf viele Eheleute nur zu gut, denn Aggressionen, Konflikte sowie Feindseligkeiten gehören zum Wesen des Menschen. Ob jedoch solch ein pausenloses Streitverhalten heilsam für die Ehe ist, erscheint fraglich, weil mit der Zeit das gemeinsam Positive aufgezehrt wird und schließlich das Negative überwiegt – die Basis der Ehe ist verloren.

Dennoch kann ein Ehekrach gut, ja heilsam sein, wenn man lernt, was dahintersteckt. Dann wird der Krach den Partnern die Augen öffnen, sie ein Stück weiterbringen. Doch ein heilsamer Ehekrach will gelernt sein! Wer nur streitet, um den anderen zu verletzen, wer nur seine Machtposition ausbauen will, der wird nichts über sich oder seinen Partner erfahren. Er wird die größte Chance der Zweisamkeit – den Schlüssel zu sich selbst – nicht finden.

Wenn ein jungverheiratetes Paar seinen ersten Ehekrach ausficht, glaubt es meist, das sei der Anfang vom Ende und der Weg zum Scheidungsanwalt unumgänglich. In Wahrheit ist so ein Streit aber der Beginn vom Beginn, der Zeitpunkt, an dem zwei Einzelpersonen die mühevolle Aufgabe in Angriff nehmen, ihre jeweiligen Bedürfnisse, Vorlieben und Ziele mit denen des Partners abzustimmen. Scheuen jetzt die beiden vor dem Ausbruch einer Feindseligkeit zurück und gehen sie der

Auseinandersetzung aus dem Weg, dann stellen sie die Weichen für einen dornenvollen Pfad, auf dem sie künftig manches Schwere erwartet. Wenn sie sich aber weiterhin die Meinung sagen und im Streit die tiefersitzenden Probleme klären, fühlen sie sich nachher möglicherweise mehr zum anderen hingezogen als vorher. Vielleicht stellen sie auch fest, daß der ganze Krach auf ihre bisherigen unbefriedigten sexuellen Beziehungen zurückgeht. Oft ist der wahre Grund auch außerhalb der Ehe zu suchen – zum Beispiel hat der Mann im Beruf mit Schwierigkeiten zu kämpfen, kann aber beim Chef nicht mit der Faust auf den Tisch hauen. So kommt er frustriert oder zornbebend nach Hause und läßt seinen Ärger statt dessen an seiner Frau aus.

Worte dürfen nie zur Waffe werden!

Aber der Zorn muß ja raus – wer seinen Ärger in sich hineinfrißt, wird bald mit gesundheitlichen Schäden zu rechnen haben. Doch wie wird man ihn am besten los? Als Kinder lernen wir meist, physische Aggressionen durch verbale zu ergänzen, mit dem Wort statt mit den Fäusten zu kämpfen. Für manchen ist indessen der verbale Angriff schmerzlicher als der körperliche. Daher besteht nun die ganze Kunst darin, die Worte nicht als *Waffe* zu benutzen, sondern sich auszusprechen. Auch wenn jeder seinen Standpunkt lauthals herausschreit – es ist immer noch ein Meinungsaustausch.

Beim Ehekrach gibt es den schöpferischen und zerstörerischen Streit – und viele dazwischenliegende Spielarten. Eine konstruktive Auseinandersetzung ist daran zu erkennen, daß sich hinterher beide Partner wohler fühlen. Die Atmosphäre ist gereinigt, das Gewitter hat sich entladen; es bleibt kein Groll zurück, den man weiter mit sich herumschleppt, keine bleibenden Narben gibt es.

Ein kluges Ehepaar wird sich daher frühzeitig gewisse Streitregeln schaffen, weil es erkannt hat, daß hin und wieder ein Krach unvermeidlich ist und immer einkalkuliert werden muß.

Dabei sollten beide Partner übereinkommen, jeden Streit mit fairen Bandagen bis zum Ende auszutragen.

»Wer sich dem Streit stellt und ihn austrägt, wendet sich dem Leben zu«, sagt CLARA HARARI. »Wer ihm ausweicht, läuft dem Leben davon.«

Weichen Sie der Diskussion also nicht aus, sondern lassen Sie ruhig »Dampf ab«. Nur wenn man seinem Herzen richtig Luft macht, kann man Konflikte lösen. Psychologen sagen: Wer seine Aggressionen gegenüber dem Partner immer nur unterdrückt, der gleicht einem Schnellkochtopf, der unter zu hohem Druck steht und irgendwann explodiert. Das heißt in diesem Fall: Es kommt zum großen Scherbengericht – der Scheidung.

Der amerikanische Psychologe Dr. PETER BACH hat über viele Jahre eheliche Auseinandersetzungen durchleuchtet und rund 23 000 Ehekräche untersucht. Wie er sagt, fehlte es ihm auf diesem Gebiet nicht an Stoff für seine Forschungen, da es in jeder amerikanischen Ehe im Durchschnitt monatlich sieben Ehekräche gibt. Schlimm, oder?

Nein! Denn, so Dr. Bach: »Streiten hält die Ehe jung!« Seiner Ansicht nach sind die ehelichen Auseinandersetzungen für das Glück in der Ehe überaus wichtig. Sie seien ein Ventil für häusliche Spannungen, die es überall gebe. Allerdings, so schränkt der »Ehestreit-Spezialist« seine These ein, müßten auch beim Ehekrach bestimmte Spielregeln eingehalten werden. Es dürfe jeweils nur zu einem »wohltemperierten« Streit kommen. Aufgrund seiner Erfahrungen hat der Psychologe folgende wichtigen Spielregeln für den »förmlichen« Ehekrach aufgestellt.

- Der Streit muß um ein echtes Ehethema gehen. Es sollte auf jeden Fall vermieden werden, Ärger über Dritte in einem Ehekrach abzureagieren.
- Beide Partner müssen unbedingt beim Thema bleiben. Sie dürfen in der Hitze des Gefechts weder alte Streitpunkte wieder aufwärmen noch sich in allgemeine Beschimpfungen verlieren.

- Jeder Mensch hat besonders verwundbare Punkte. Die Frau leidet zum Beispiel unter krummen Beinen oder einem flachen Busen. Oder der Mann hat Kummer mit seiner Glatze oder seinem Bauch. Diese neuralgischen Partien dürfen auf keinen Fall mit gehässigen Tiefschlägen traktiert werden. Das wäre unfair und würde dermaßen verletzen, daß eine echte Versöhnung schwer herbeizuführen ist. Die Partner sollten sie bei einem Ehekrach niemals erwähnen.
- Ein cholerisches Überschnappen des Partners – oft sogar aus verhältnismäßig nichtigem Anlaß – kommt in fast jeder Ehe vor. Das sollte der andere Partner nicht tragisch nehmen. Bei derart sinnlosen Ausbrüchen ist es besser, wenn der andere Partner nicht kontert, sondern schweigend abwartet, bis sich der »Rappel« gelegt hat. Meist ist er schnell vorbei.
- Der gefährlichste Sprengstoff in der Ehe ist die Ironie, die meist vom intelligenteren Partner angewendet wird. Viel besser ist dagegen ein gewisses Quantum an Humor, der stets versöhnt und die schlimmsten Spitzen abzubiegen vermag. Leider ist jedoch nur jeder zehnte Ehepartner in der Lage, Ehestreitigkeiten mit Humor zu schlichten.

Machen Sie Ihrem Herzen ruhig Luft!

Konstruktives Streitverhalten kann also zu einer erfüllten Ehe verhelfen. Eheberater betonen, daß ein richtig verstandenes Streiten überaus positiv zu bewerten ist – wogegen Partner, die sich nicht zu einem Krach durchringen können, eigentlich unter Kommunikationsschwierigkeiten leiden würden. Ist aber eine Ehe ins Wanken geraten, könne ein verbesserter Meinungsaustausch zwischen den Partnern neue Funken des Vertrauens, der Wärme – und vielleicht sogar der Liebe schlagen.

Wer streitet, hat mehr von der Ehe – das ist kein Scherz, sondern ein guter Tip. Machen Sie Ihrem Herzen ruhig Luft, wenn Ihnen danach zumute ist, und halten Sie auch nicht den Mund, wenn Sie angegriffen werden. Weil man mit Schweigen keine Konflikte löst.

Zwei Jahre ihrer Ehe hielt sich die Münchnerin Astrid V. (29) an den fragwürdigen Rat ihrer Mutter: »Es ist besser, wenn man dem Mann das letzte Wort läßt.« Daher ging die junge Frau stets aus dem Zimmer, wenn ihr Mann Robert (31) zu bollern begann und sie eine »blöde Schnepfe« nannte.

»Doch eines Tages«, erinnert sich Astrid V., »riß mir der Geduldsfaden, und ich hab's ihm gehörig heimgezahlt!«

Es geschah bei Freunden, die das Ehepaar V. zum Rehrükkenessen eingeladen hatten, was Robert V. im Laufe der Unterhaltung zum Anlaß nahm, folgende Bemerkung zu machen: »Meine Frau hat auch Beine wie ein Reh – so schlank und so behaart!«

»Da ist irgendwas bei mir ausgerastet«, sagt Astrid V., »ich hatte eine Stinkwut im Bauch, und als ich Robert ein weiteres Stück vom Rehrücken reichen sollte, habe ich es ihm ins Gesicht geworfen.«

Die Freunde hätten ihr diese Reaktion aber nicht übelgenommen, fährt die Frau fort. Ganz im Gegenteil, sie seien sogar froh gewesen, daß Astrid V. endlich einmal zurückgeschlagen hatte. Denn die Art von Robert V., wie er sich immer wieder über seine Frau lustig machte, sei ihnen schon lange unangenehm aufgefallen. Doch seit diesem Erlebnis habe er sich zurückgehalten, sei er in seinen Bemerkungen vorsichtiger geworden.

Astrid V.: »Aber jetzt gehe ich keinem Streit mehr aus dem Weg. So hat es zum Beispiel vor einigen Tagen wieder reichlich geraucht!«

Es war ein Sonntagmorgen. Robert V. hatte nach einer Party vom Abend zuvor einen mächtigen Kater, daher ging er ins Badezimmer und löste eine Kopfschmerztablette in einem Glas Wasser auf.

»Ich bat ihn, mir auch eine Tablette zu geben«, erzählt Astrid V., »aber wie reagierte mein lieber Mann? Er fragte mich doch tatsächlich, ob ich wirklich eine wolle, immerhin könne es sein, daß er noch eine Tablette nehmen müsse, und es sei nur noch eine da!«

Sie sei aber genauso verkatert gewesen, berichtet die Frau

weiter, daher habe sie seine Bemerkung als Unverschämtheit empfunden. Ihre Reaktion: Sie riß ihrem Mann das Glas aus der Hand und schüttete den Inhalt in die Toilette. Dann warf sie die letzte Tablette hinterher.

»Robert blickte mich an wie eine Kuh, wenn's donnert«, erinnert sie sich, »und dann begann er zu toben. Ich sei eine blöde Ziege, brüllte er, und ich schrie zurück: ›Du unverschämtes, egoistisches Subjekt!‹ Da war er erst mal sprachlos, weil ich ihn noch nie so angeschrien hatte, und er entschuldigte sich. Die anschließende Versöhnung war herrlich!«

Wenn's in einer Ehe brodelt, braucht es meist nur einen lächerlichen Anlaß für eine Eruption. Früher hat auch Kathrin S. (30) aus Kassel diese Konflikte gescheut – weil ihr im passenden Moment nie die richtigen Schimpfwörter einfielen.

Ihr Mann Karl (38), von Beruf Kaufmann, war da schon mit anderen verbalen Geschützen ausgestattet. Sein Repertoire reichte von »dusseliger Kuh« über »blöde Gans« bis zum »Mistzahn«. Doch eines Tages hatte auch Kathrin S. eine »Erleuchtung«:

»An einem Mittwochabend hatte ich es mir vor dem Fernseher gemütlich gemacht und sah mir ›Denver‹ an«, erzählt sie. »Da blickte Karl plötzlich von seiner Zeitung auf und meinte, ich solle mir nicht andauernd diesen ›lächerlichen Schwachsinn‹ ansehen, aber von mir könne man ja nichts anderes erwarten, weil dieser ›stumpfsinnige Kram‹ nur für ›naive Bettwürste‹ wie mich gedreht worden sei.«

Was dann kam, hatte allerdings Karl S. auch nicht erwartet. Seine Frau, ein zierliches Persönchen von knapp einem Zentner, tat nämlich etwas, zu dem sie bisher nie in der Lage war. Sie schrie ihn an: »Wenn hier einer eine Wurst ist, dann du. Guck dir doch mal deine Fettwülste an den Hüften an, du ... du Mortadella!« Dann brach sie in Tränen aus.

Kathrin S.: »Karl reagierte diesmal ganz anders als sonst. Er entschuldigte sich sofort bei mir, was er gesagt hatte, täte ihm leid, und nachdem wir uns hinterher im Bett reichlich vertragen hatten, meinte er: ›Also, genaugenommen bist du doch eine Bettwurst.‹ Da mußte ich ihm einfach eine scheuern!«

Womit der Ehekrach noch zwei Tage andauerte, bis Karl S. schließlich mit einem dicken Rosenstrauß aufkreuzte. An dem Blumengebinde hing ein mageres Würstchen ...

Für einige Menschen kann kein Grund zu geringfügig sein, um ihre angestauten Aggressionen loszuwerden. Rüdiger T. (45) aus Kassel ist so einer. Seine Frau Brigitte: »Erst kürzlich machte er wieder ein Riesentheater, weil ich einen Knopf nicht an seiner Hemdsmanschette angenäht hatte.«

Und so ging der Ehekrach vonstatten: Rüdiger T. nahm morgens das Hemd aus dem Schrank, zog es an und entdeckte dabei, daß der Knopf fehlte. Sofort marschierte er zu seiner Frau, die gerade den Frühstückstisch deckte, und begann zu schnauzen: »Ich möchte bloß mal wissen, wozu ihr Frauen eigentlich gut seid. Den ganzen Tag habt ihr an nichts zu denken, und dann vergeßt ihr auch noch das Primitivste!«

Damit kam er seiner Frau gerade recht: »Sag mal, spinnst du?« fauchte sie zurück. »Ich bin doch nicht dein Dienstmädchen!«

Darauf er: »Dienstmädchen? Daß ich nicht lache! Wenn du ein Dienstmädchen wärst, könntest du wenigstens anständig saubermachen!«

Nun wieder sie: »Wenn du das willst, dann kannst du mir ja zehn Mark pro Stunde geben, und ich räume diesen Scheißladen auf!«

Er: »Das ist ja wohl der Gipfel der Unverschämtheit! Da sieht man zu, daß dieses Weib immer gut zu essen hat, und dann wird diese Nebelkrähe auch noch pampig!«

Sie: »Lieber verhungere ich, bevor ich noch einen Bissen von dir Sausack nehme!«

Er: »Prima, dann wirst du wenigstens nicht dicker, als du jetzt schon bist!«

Das war zuviel! Brigitte T. ist nämlich etwas mollig, und sie leidet darunter. »Rüdiger weiß das genau«, erzählt sie, »und ich war so wütend, daß ich ihm am liebsten die Kaffeekanne ins Gesicht geschleudert hätte. Aber er reagierte schneller – ehe ich zur Kanne greifen konnte, nahm er mich in die Arme, entschuldigte sich und sagte, er hätte es nicht so gemeint. Da habe ich noch ein bißchen geschmollt – um ihm in der folgenden Nacht sehr gern zu verzeihen.«

Wie meistern Sie einen Krach?

Können Sie als Ehepartner stilvoll streiten, oder hagelt es Gehässigkeiten, die nicht wiedergutzumachen sind? Testen Sie sich:

1. Verlegen Sie sich aufs Klagen, wenn Sie mit Ihren Argumenten am Ende sind?
   Ja = 0; nein = 1.
2. Wenn Sie unrecht haben, appellieren Sie dann an die Anständigkeit des Partners?
   Ja = 0; nein = 1.
3. Fällt es Ihnen leicht, auf das letzte Wort zu verzichten?
   Ja = 1; nein = 0.
4. Haben Sie die Angewohnheit, bei einem Streit alte Sünden und längst bekannte Fehler wieder herauszukramen?
   Ja = 0; nein = 1.
5. Setzen Sie Ihren Partner, wenn Sie mal in Wut sind, bewußt herab?
   Ja = 0; nein = 1.
6. Haben Sie schon einmal mit Gegenständen nach ihm geworfen?
   Ja = 0; nein = 1.
7. Greifen Sie auch mal zu Lügen, um den Partner ins Unrecht zu setzen?
   Ja = 0; nein = 1.
8. Ist es Ihnen ein inneres Bedürfnis, nach einem Krach das erste liebe und versöhnende Wort zu sprechen?
   Ja = 1; nein = 0.
9. Sind Sie ganz sicher, nicht nachtragend zu sein?
   Ja = 1; nein = 0.
10. Drohten Sie Ihrem Partner einmal mit Scheidung?
    Ja = 0; nein = 1.

Auswertung:
9 bis 10 Punkte: Sie sind zweifellos in der Lage, einen Ehekrach nach fairen Spielregeln zu führen. Sie bemühen sich, den Partner nicht zu verletzen oder gar herabzusetzen.
6 bis 8 Punkte: Sie verfügen zwar über eine angeborene Fairneß, doch hin und wieder verlieren Sie zu Ihrem eigenen Kummer die Beherrschung. Da Sie jedoch stets zu einer Versöhnung bereit sind, dauert die gegenseitige Verstimmung nicht allzulange.
3 bis 5 Punkte: Ihre Ehekräche sind handfest und werden von Ihnen nicht gerade fair geführt. Sie möchten nämlich unter allen Umständen recht und das letzte Wort behalten und wenden deshalb auch unschöne Tricks an.
0 bis 2 Punkte: Sie führen eine Streitehe, in der hin und wieder die Fetzen fliegen, falls Ihr Partner nicht ein Pantoffelheld ist. Da Sie sicher nicht aus Ihrer Haut können, werden Sie immer handfeste Eheschwierigkeiten haben.

Sehr oft geht's unfair zu

Die meisten Eheleute gehören sowieso nicht zu jenen, die 6 und mehr Punkte haben, sich also auf saubere Art zanken. Statt dessen greifen Mann oder Frau (oder beide) beim Ehekrach recht häufig zu unlauteren Mitteln. Hier einige Beispiele:

Beim *Machtkampf* will ein Partner den anderen beherrschen. Wer – egal, ob Mann oder Frau – auf seiner Meinung beharrt und keinesfalls zum Einlenken bereit ist, wer sogar den Streit in die Öffentlichkeit trägt oder gar mit Scheidung droht, setzt oftmals seinen Kopf durch. Menschen, die ihren Partner so unter Druck setzen, leiden meist unter Minderwertigkeitsgefühlen – wollen auf diese Art ihre tiefe Unsicherheit durch die Empfindung der Wertigkeit verdrängen.

Eine überaus üble Methode ist auch der *Angriff auf den Charakter*. Hier nimmt der Streitende – im Namen der Aufrichtigkeit – das Wesen des anderen knallhart auseinander und kann dabei großen Schaden anrichten. Zum Beispiel kann es verhängnisvoll sein, wenn eine junge Frau ihrem innerlich unsicheren Mann vorwirft, er sei ein »Muttersöhnchen«, oder er bezeichnet sie als »Flittchen«. Vorsicht: Ein einmal ausgesprochenes Wort ist niemals mehr rückgängig zu machen!

Auch wer stets *recht haben* muß, bietet ein schlechtes Bild. Dabei ist doch nichts dabei, wenn man einmal die Argumente des anderen überdenkt – und vielleicht sogar zum Ergebnis kommt, daß der Partner im Recht sein könnte. Aber nein, diese Starrsinnigen lassen den Partner oftmals gar nicht erst ausreden – weil sie außerstande sind, Kritik zu ertragen oder gar nachzugeben.

Einige Menschen frönen dagegen lieber dem *Streit ohne Ende*. Solche Zeitgenossen leben einen Ehekrach regelrecht aus, er kann sich über Wochen hinziehen, und immer wieder bekommt der Partner den Standpunkt des anderen mit bissigen Bemerkungen aufs Butterbrot geschmiert: »Wie ich dir vor einem Monat schon ganz richtig sagte, hätte es vollkommen gereicht, wenn wir nur übers Wochenende zu deinen Eltern gefahren wären. Aber du wolltest ja eine ganze Woche zu ihnen – schade um die Zeit, wir hätten sie viel besser nutzen können!«

Zu den unfairsten Methoden gehört das *Einbeziehen anderer Menschen*. Ist ein Ehekrach in vollem Gange und will einer der Streithähne von einem Außenstehenden dessen Meinung einholen, wird's gefährlich: Sofort verhärten sich die Fronten, weil sich beide Partner nicht mehr auf ihren Disput konzentrieren können – müssen sie sich doch die Mühe geben, ihr Gesicht zu wahren.

Auch nicht unbedingt notwendig ist ein *Ehekrach vor den Kindern*. Sollte es jedoch dazu kommen, ist ein konstruktives Streitgespräch eine wichtige Voraussetzung, weil Kinder, deren Eltern sich oft heftig zanken, außerordentlich unsicher werden, besonders, wenn sie von beiden Seiten zur Parteinahme aufgefordert werden. Psychologen sind aber der Meinung, daß es ganz nützlich ist, wenn Kinder zuweilen einem Elternstreit beiwohnen – wenn er sich in Grenzen hält. So mache der Nachwuchs die Erfahrung, daß Streitigkeiten ausbrechen, aber auch wieder beendet werden können, und würde später wissen, wie man seinen Ärger loswird und sich zusammenrauft.

Die gemeinste Art, sich mit dem Partner auseinanderzusetzen, ist das *Abwürgen des Streits.* Viele Menschen wollen unter allen Umständen den Krach vermeiden und beeilen sich, ihn nach den ersten bösen Worten zu unterdrücken. Doch ein abgewürgter Krach ist niemals beigelegt – man muß seinem Zorn ja Luft verschaffen. So wird eine Frau etwa, die einen Wutausbruch ihres Mannes über sich ergehen lassen mußte, ihm später – bewußt oder unbewußt – die Rechnung präsentieren. Eine beliebte »Waffe« besteht darin, sich dem Ehemann zu verweigern, wenn er zärtlich werden will: »Laß mich – ich bin zu müde ...«

Die Streittaktiken sind aber nicht starr, sie entwickeln sich wie das eheliche Verhältnis. Bei jeder Situation, die einen der Partner unter Druck setzt, kann ein anderes – oder neues – Verhaltensmuster auftreten. Ob es sich um einen neuen Arbeitgeber, eine neue Wohnung handelt – all die großen und kleinen Wechselfälle des Lebens wirken sich auf den Ehekrach aus.

Eheberater und Psychotherapeuten haben untersucht, wie sich das Streitschema eines durchschnittlichen Ehepaares im Laufe der Jahre entwickelt. Allerdings muß dabei berücksichtigt werden, daß es den »Durchschnittstyp« eigentlich gar nicht gibt – daher wird kein Paar diesem Schema hundertprozentig folgen.

Viele junge Eheleute stellen kurz nach der Hochzeit überrascht fest, daß sie sich häufiger in die Haare geraten als während der Verlobungszeit. Im großen und ganzen eine völlig natürliche Angelegenheit: Denn nun kündigt sich die ganz normale Zeit des Zusammenraufens an, in der sich die meisten Auseinandersetzungen um Freizeit, Geschmacksfragen, die Schwiegereltern, entgegengesetzte persönliche Gewohnheiten und allerlei Rechthabereien drehen.

Aber auch die Sexualität spielt dabei eine maßgebliche Rolle. Eheberater wissen, daß über fünfzig Prozent aller verheirateten Paare Schwierigkeiten mit dem Sexualleben haben. Doch führen Hemmungen, sich über dieses Thema auszusprechen, recht schnell zu unterschwelligen Bedrückungen, die sich oft im Zank um alltägliche Belanglosigkeiten äußern. Trotzdem: Viele Paare halten die ersten Ehejahre für die schönsten, weil sie von ihnen intensiver durchlebt werden als die folgenden.

Kinderlose Paare streiten sich weniger als Ehepaare mit Kindern. Die Geburt des ersten Kindes beeinflußt fast immer das Zankverhalten der Eltern: Sie neigen mehr zu Verstimmungen und geraten häufiger in Konflikte als Paare in jedem anderen familiären Entwicklungsstadium – eine ganz natürliche Reaktion auf die Belastungen, unter denen sie stehen. Da sind die Sorgen, mit denen die jungen Eltern fertig werden müssen, nicht selten kommen die ersten ehelichen Ermüdungserscheinungen hinzu. Der Umstand, daß das Geschlechtsleben nicht mehr das ist, was es mal war, bringt Frau und Mann auf Hochspannung – und nicht selten sind die Ehemänner eifersüchtig auf das Baby, weil sie sich zurückversetzt fühlen.

Sind die Kinder aber schon älter, entzündet sich ein Ehekrach oftmals an der Erziehung. Erst wenn die Kinder aus dem Haus sind, werden sich die Eltern wahrscheinlich nicht mehr so oft streiten – es sei denn, der Nachwuchs hat als »Stoßdämpfer« gewirkt, indem er eins der wenigen intakten Bande zwischen den Eltern darstellte. Dann wird es, nachdem die Kinder sich auf eigene Füße gestellt haben, zwischen den Eltern wieder öfter zum Streit kommen. Doch im allgemeinen zanken sich die Eltern in den späteren Ehejahren weniger, und eine Ehe kann in diesem Stadium ganz neu erblühen. Daher wissen Eheberater zu berichten, daß Jungverheiratete in ihrer Ehe am glücklichsten sind – gefolgt von den »Veteranen«.

Wie sagt man's denn am besten?

Die Häufigkeit der Ehekräche, die Streitthemen und auch die Schärfe der Auseinandersetzungen ändern sich also im Laufe der Jahre. Aber der Hang zum Streit bleibt erhalten, weil er eine der fundamentalen Ausdrucksformen des Menschen für seinen persönlichen Lebensstil und sein Lebensgefühl ist.

Aber wie offen soll man seine Meinung kundtun? Soll man dem Partner knallhart ins Gesicht schleudern, »was Sache ist«, oder es lieber »durch die Blume« sagen? Eins steht jedenfalls fest: Zwei Menschen, die miteinander durchs Leben gehen, müssen und sollen einander die Wahrheit sagen. Die restlose Offenheit ist jedoch nicht ungefährlich – trotzdem wird sie gar nicht so selten als Waffe oder Strafe in der Ehe eingesetzt. Zum Beispiel gibt es eine ganze Reihe von Männern, die kein Blatt vor den Mund nehmen. Das beginnt mit der morgendlichen Feststellung: »So wie du aussiehst, kannst du einen Hund erschrecken«, und endet mit der brutalen Feststellung: »Ich kann dich nicht mehr ertragen!«

Diese Art von restloser Offenheit, die aus einem Gemisch von Überdruß, Ungezogenheit und Langeweile besteht, hat aber mit Wahrheit nichts gemein. Vielmehr ist sie deren haßvolle Verzerrung, deren Karikatur oder nur ein Teil von ihr. Der liebevollere Teil der Wahrheit, die Zuneigung und die Verbundenheit, bleibt unausgedrückt. Daher ist es besser, die restlose Offenheit zu unterlassen, denn sie führt doch nur zu überflüssigen Spannungen und Nervenbelastungen, zu immerwährendem Streit und pausenlosem Mißtrauen.

In einer guten Ehe aber haben die wenigsten den Wunsch, dem anderen weh zu tun, und doch sind wir alle imstande, Menschen, die wir lieben, zu verletzen. Daher ist jede Mißfallensäußerung eine Kunst, und es erfordert Übung, eine Kritik so vorzubringen, daß sie als berechtigt anerkannt wird. Hier ein kleiner Leitfaden, wie man richtig Kritik übt:

1. *Wenn Sie glauben, daß Ihnen der Partner unrecht getan hat, dann beklagen Sie sich bei ihm und nicht bei jemand anderem.*
2. *Kritisieren Sie Ihren Partner nicht in Gegenwart eines Dritten.* Die meisten Menschen empfinden eine Kritik als persönlichen Angriff. Wenn Sie Ihren Partner vor anderen bloßstellen, wird ihn das tief verletzen. Behalten Sie also lieber um seinet- und Ihretwillen Ihre Kritik für sich, bis Sie mit dem Partner allein sind.

3. *Wenn Sie etwas am Verhalten Ihres Partners bemängeln, dann vergleichen Sie es nicht mit dem anderer Menschen.* Niemand läßt sich gern sagen, er stehe einem anderen nach.
4. *Bringen Sie Ihre Kritik an, sobald Sie die Zeit dazu finden und Sie sich klar ausdrücken können.* Seinem Herzen Luft machen, wird um so schwieriger, je länger man es hinausschiebt. Wenn Sie warten, steigert sich Ihr Ärger, und es besteht die Gefahr, daß Sie unsachlich werden und nicht zur Sache gehörende Bemerkungen machen.
5. *Wenn Sie Ihre Mißbilligung vorgebracht haben und der Partner seinen Fehler eingesehen hat, dann kritisieren Sie ihn nicht noch einmal.* Wer seine Entgleisung bereut, hat als Belohnung Anspruch darauf, daß ihm derselbe Fehler nicht noch einmal vorgehalten wird.
6. *Kritisieren Sie nur Verhaltensweisen, die der Partner wirklich ändern kann.* Man kann einen Menschen bitten, nicht zu brüllen. Aber die Bitte, einem von einem Moment zum anderen nicht mehr böse zu sein, ist zuviel verlangt. Er muß sich innerlich selbst dazu bereit erklären.
7. *Beklagen Sie sich möglichst nur über eine Sache.* Wenn Sie Ihren Partner gleich mit mehreren Punkten »überfallen«, laufen Sie Gefahr, daß er sich auf das für Sie eigentlich Unwesentliche konzentriert, und Ihr Hauptbeschwerdepunkt geht vielleicht unter. Halten Sie sich beispielsweise nicht mit dem überquellenden Mülleimer auf, wenn Sie Ihrem Mann klarmachen wollen, wie unmöglich er sich auf der gestrigen Party benommen hat. Wenn sich das Gespräch auf den Mülleimer konzentriert, wird Sie das nicht befriedigen – und Ihr Mann wird möglicherweise annehmen, daß das ganze Thema ausgestanden ist, wenn er den Mülleimer runterbringt.
8. *Vermeiden Sie bei Ihrer Kritik große Vorreden.* »Also, hör mal, ich wollte dir schon lange mal sagen, aber es fällt mir schwer, mit der Wahrheit herauszurücken. Nimm es mir bitte nicht übel, aber ...« Schlechter können Sie ein Gespräch gar nicht anfangen. Weil Sie den Partner in Panik versetzen. Mit Einleitungen solcher Art reden Sie ihm als

auch sich selbst ein, daß nun etwas wahnsinnig Schlimmes kommt – und Ihr Partner wird Ihren Tadel nicht so ruhig entgegennehmen, wie Sie ihn vielleicht vorbringen.

9. *Wenn Sie Ihre Mißbilligung sachlich und fundiert vorgetragen haben, dann entschuldigen Sie sich hinterher nicht dafür.* Mit einer Entschuldigung wird das Gewicht Ihrer Worte herabgesetzt, es kann sogar passieren, daß der Partner Ihnen sofort das Recht abspricht, ihn zu kritisieren.
10. *Verzichten Sie bei einem Streit auf jede Art von Sarkasmus.* Hinter beißendem Spott verbirgt sich nicht selten Hohn und Geringschätzung. Eine Herabsetzung wird den Partner dazu veranlassen, nicht auf Sie zu hören. Sarkastische Bemerkungen mögen noch so geistreich klingen, sie sind aber verächtlich und zeugen von Unhöflichkeit.
11. *Sagen Sie niemals »nie« und nicht immer »immer«.* Mit Übertreibungen, die Ihrer Kritik Nachdruck verleihen sollen, erreichen Sie selten etwas, weil Sie darauf verzichten, Tatsachen exakt vorzutragen.
12. *Wenn Sie dem Partner nie ein Kompliment machen, wird er sich Ihre Kritik auch nicht sehr zu Herzen nehmen.* Vorwürfe bleiben lange in Erinnerung, wenn sie das einzige sind, was der andere zu sagen hat. Wer aber den Partner kritisiert, ist auch verpflichtet, sich ihm gegenüber bei anderer Gelegenheit in lobenden Worten zu äußern.

Die Spielregeln einhalten!

Bei einem Disput mit dem Partner kommt es aber nicht nur auf das Kritisieren an, auch der Kritisierte sollte einige Spielregeln einhalten, damit der Konflikt nicht aus dem Ruder läuft:

1. *Hören Sie sich die Klage des Partners an, und verzichten Sie auf Zwischenbemerkungen.* Es kommt jetzt noch gar nicht darauf an, ob der Partner recht hat.
2. *Schauen Sie Ihrem Partner offen ins Gesicht.* Nur so geben Sie ihm zu verstehen, daß Sie ihm zuhören.

3. *Vermeiden Sie es, den kritisierenden Partner zu schulmeistern.* In der Erregung kann es immer mal passieren, daß sich der Sprecher verhaspelt oder ihm ein grammatikalischer Fehler herausrutscht. Hüten Sie sich davor, ihn sofort zu verbessern. Wenn es denn sein muß, so sagen Sie es ihm eine halbe Stunde später, er wird dann nicht so empfindlich reagieren.
4. *Machen Sie sich nicht über den kritisierenden Partner lustig.* Schnippische Bemerkungen werden von vielen Menschen als herabwürdigend empfunden und wirken fast immer verletzend.
5. *Verfälschen Sie die Kritik nicht.* Wirft Ihnen der Partner vor, Sie seien gedankenlos, dann unterstellen Sie ihm nicht die Behauptung, er hätte »gehässig« gesagt.
6. *Wechseln Sie nicht das Thema.* Statt von der Kritik abzulenken, sollten Sie vielmehr Ihre Intelligenz nutzen und darüber nachdenken, ob Ihr Partner mit seiner Mißbilligung im Recht ist.
7. *Zeigen Sie Ihrem Partner, daß Sie seine Vorwürfe verstanden haben.* Am besten tun Sie es, indem Sie den Kern seiner Kritik mit eigenen Worten wiederholen – und beweisen so, daß Sie seine Ausführungen zur Kenntnis genommen haben.
8. *Vermeiden Sie tunlichst alle Rachegedanken.* Die Wie-du-mir-so-ich-dir-Straße kann durch viele Jahre führen und wird immer einsamer. Falscher Stolz, Autoritätsfimmel und Rechthaberei sind die spitzen Steine auf dieser Straße, die müde macht und schließlich jeden seinen Trott gehen läßt.

Andererseits ist es auch nicht einfach, mit Vorwürfen fertig zu werden. Kritik ist ein Angriff auf die Selbstachtung eines Menschen, der sich entweder beleidigt in sein Schneckenhaus zurückzieht oder versucht ist, mit Unmut oder Zorn zu reagieren. Aber das macht ihn nur noch verwundbarer. Wer sich nach einem Ehekrach darauf beschränkt, dem Partner zu grollen, vergiftet nur sich selbst.

Nun aber Hand aufs Herz: Können Sie Kritik vertragen? Der folgende kleine Test wird es Ihnen verraten:

1. Haben Sie manchmal Angst vor der Zukunft?
   Ja = 0; nein = 1.
2. Arbeiten Sie lieber im Team als allein?
   Ja = 1; nein = 0.
3. Geben Sie Fehler offen zu?
   Ja = 1; nein = 0.
4. Lassen Sie sich bei größeren Schwierigkeiten schnell entmutigen?
   Ja = 0; nein = 1.
5. Reizt es Sie zuweilen, neue Dinge zu wagen?
   Ja = 1; nein = 0.
6. Können Sie sich gut an andere Menschen anpassen?
   Ja = 1; nein = 0.
7. Glauben Sie, daß es den meisten Menschen, die Sie kennen, besser geht?
   Ja = 0; nein = 1.
8. Werden Sie oft von Ihren Freunden und Bekannten um Ihre Meinung gefragt?
   Ja = 1; nein = 0.
9. Können Sie über ein eigenes Mißgeschick auch einmal lachen?
   Ja = 1; nein = 0.
10. Treffen Sie Entscheidungen lieber zusammen mit anderen Menschen?
    Ja = 0; nein = 1.

Auswertung
8 bis 10 Punkte: Ihre innere Sicherheit und Überlegenheit läßt Sie die härtesten Vorwürfe gelassen ertragen. Auch persönliche Angriffe lassen Sie kalt. Diese Selbstsicherheit empfindet Ihr Partner zuweilen als Provokation.
6 bis 7 Punkte: Sie sind von sich selbst überzeugt und stehen mit beiden Beinen fest im Leben. Sachliche Kritik können Sie gut vertragen und sind gern bereit, aus Ihren Fehlern zu lernen.

3 bis 5 Punkte: Ihnen mangelt es an Selbstvertrauen, daher brauchen Sie immer wieder Lob und Anerkennung. Sie ängstigen sich vor Mißerfolgen, und werden Sie von jemandem getadelt, fühlen Sie sich sofort persönlich angegriffen.
0 bis 2 Punkte: Sie sind unzufrieden mit sich selbst, mißtrauisch und fühlen sich stets ungerecht behandelt. Werden Sie kritisiert, so leiden Sie sehr darunter und fühlen sich sofort persönlich verletzt. Nehmen Sie alles nicht so schwer!

Geben Sie Ihre Fehler ehrlich zu!

Am besten ist also, daß Sie sich zur Gelassenheit zwingen. Das ist nicht einfach, aber auch nicht unmöglich. Fragen Sie sich auf Ehre und Gewissen, ob an der Kritik nicht etwas Wahres ist – und hüten Sie sich dabei vor Selbstrechtfertigungen und Scheingründen. Sollten Sie schließlich zu dem Ergebnis gekommen sein, daß Ihr Partner mit seinen Vorwürfen recht hatte, dann geben Sie das ehrlich zu. Nicht selten wird er mit offenem Mund dastehen und staunen, denn was soll er noch sagen, wenn Sie mit ihm einer Meinung sind? Und es ist schon erstaunlich, wie viele Ehepartner sofort sanft wie ein Lamm werden, wenn der andere bestätigt, einen Fehler begangen zu haben.

Oftmals kommt ein Ehekrach geradezu aus heiterem Himmel. Da geht es um die Frage, ob man nun neue Vorhänge kaufen soll oder nicht. Ihr Partner wirft Ihnen mangelnde Entschlußfreudigkeit vor, Sie nennen ihn einen hoffnungslosen Verschwender. Der Krach ist da, endet jedoch abrupt, weil Sie aus dem Zimmer rauschen – nicht ohne die Tür hinter sich zugeknallt zu haben. Ihr Partner und Sie fühlen sich mißverstanden und fragen sich: Warum müssen unsere Diskussionen immer so enden?

Vielen Ehepaaren will es einfach nicht gelingen, unter die stets gleichen Konflikte, die sie eigentlich anwidern, einen Schlußstrich zu ziehen. Warum? Weil man sich gezwungen sieht, seine Meinung zu verteidigen, obwohl man weiß, daß es keinen Sinn hat. Trotzdem nennt der Mann seine Frau im Krach eine Meckerziege, was sie wiederum nicht auf sich sitzen lassen will und ihn zum Schutz ihres Selbstverständnisses einen widerlichen Streithammel schimpft. Das wiederum trifft sein Ego bis ins Mark, so daß er die Verteidigungshaltung einnimmt. Und keiner der beiden bemerkt, daß vom eigentlichen Anlaß des Streits schon lange keine Rede mehr ist.

Auch Mißverständnisse sind oft die Ursache eines Ehekraches. So meint zum Beispiel der Mann: »Oh, ist das eine neue Bluse?« – und will damit ausdrücken, daß er sie hübsch findet. Seine Frau aber schnappt sofort ein: »Ja, ja, ich weiß schon – du wirfst mir mal wieder vor, daß ich das Geld zum Fenster hinauswerfe!«

Häufig wird auch wegen einer Sache gestritten, um die es eigentlich gar nicht geht. Dann entsteht bei den Partnern ein Angriff-Rückzugverhalten: Die Ehefrau schimpft immer, weil ihr Mann seine Sachen nicht wegräumt oder ihr zuwenig bei der Hausarbeit hilft. Darauf bezieht er eine Verteidigungsstellung und kapselt sich ab. Das wiederum reizt seine Frau, sie hackt immer mehr auf ihm herum – bis er aus der Haut fährt: »Ich weiß, daß ich nicht so ordentlich bin wie du – aber mußt du mich pausenlos daran erinnern?«

Wenn sich die beiden Partner jetzt zusammensetzen und dieses Problem besprechen, werden sie schließlich dahinterkommen, daß der Grund für die Ermahnungen der Ehefrau weniger in der Unordentlichkeit des Mannes zu suchen ist, vielmehr leidet sie unter dessen Rückzug. Sie will von ihm in die Arme genommen und geküßt werden, glaubt aber, seine Reserviertheit sei ein Zeichen seiner Gleichgültigkeit ihr gegenüber. Somit möchte sie ihn zwingen, mehr Gefühl zu zeigen – erreicht aber genau das Gegenteil.

Unproduktiven Streitereien entgehen Sie daher am besten folgendermaßen:

Drücken Sie sich deutlich genug aus!
Vielleicht ersehnen Sie sich mehr Zuwendung, doch wenn Sie Ihre Wünsche nur andeuten, schwingt darin oft mehr Ärger

mit, als Sie ausdrücken wollen. Sagen Sie daher geradeheraus: »Bitte kümmere dich nicht soviel um deinen Verein, sondern komm abends früher nach Hause, damit wir öfters zusammen sind.« Das ist genauer, als wenn Sie ihm vorwerfen: »Du hast ja nie Zeit für mich!«

Tragen Sie Ihre Wünsche positiv und nicht negativ vor!
Wenn Sie fragen: »Soll ich dir mal erzählen, womit ich mich heute beschäftigt habe?« klingt das viel besser, als wenn Sie dem Partner vorwerfen: »Nie willst du wissen, was ich gemacht habe!« Es kommt also darauf an zu ermutigen, nicht anzuklagen.

Hören Sie zu, wenn der Partner etwas sagt!
Das Wichtigste bei einem Gespräch ist das Zuhören. Man kann es leicht erlernen und schafft Vertrauen und gegenseitigen Respekt. Eheleute, die einander zuhören, unterhalten sich etwa so. Sie: »Das war heute wieder mal ein schlimmer Tag!« Er: »Eigentlich hatte ich auch reichlich Probleme in der Firma und wollte jetzt nur noch abschalten. Aber nun erzähl mal, was los war.« Sie: »War denn wirklich bei dir soviel los?« Er: »Ja, aber nun rede dir erst mal alles von der Seele, dann erzähle ich dir, was ich erlebt habe.«

Verläuft ein Streit konstruktiv, wird die Partnerschaft gefestigt. Das Selbstwertgefühl von Mann und Frau darf nicht gelitten haben, was nur gelingt, wenn sie sich auf Lösungen verständigen, die Raum für Kompromisse und neue Ideen lassen.

Doch allzu häufig können die Paare ihre Probleme nicht vollends lösen. Dann gehen die Auseinandersetzungen in einen Riesenkrach über, oder sie enden in der Versöhnung, unter Ausklammerung des Versuchs, den Standpunkt des anderen zu verstehen und über den eigentlichen Streitgrund einen Kompromiß auszuhandeln. Infolgedessen haben beide Partner das Gefühl, sich den Forderungen des anderen gebeugt zu haben, sie empfinden dies als Niederlage – und bald bricht der Streit erneut aus, weil er eben nicht richtig beigelegt wurde.

Niemand braucht sich aber wegen Niederlagen zu schämen, sie sind nun mal unvermeidliche Zwischenfälle im Leben jedes Menschen. Sie können nur dann zur Katastrophe werden, wenn man innerlich nicht dazu bereit ist, sie ohne Gefühl der Demütigung auf sich zu nehmen, ihre Gründe zu erforschen und zu erkennen, warum man im Unrecht war. Wer eine Niederlage gleichsam als freundschaftlichen Ratgeber betrachtet, sondiert gleichsam alles Demütigende aus, und das Erforschen ihrer durch den eigenen Charakter bedingten Ursachen kann zu einer sowohl interessanten als auch lohnenden Aufgabe werden.

Oftmals kommt es jedoch vor, daß die Menschen ihre Niederlage einfach »vergessen« wollen. Diese Methode wäre gut und schön, wenn die psychologische Möglichkeit bestünde, unangenehme Erinnerungen einfach tilgen zu können. Dies ist aber unmöglich, weil das »Vergessen« nichts anderes als ein »Verdrängen« bedeutet. Negative Erfahrungen, die auf diese Weise – vermeintlich ein für allemal – im Unterbewußtsein vergraben werden, strömen dennoch ein permanentes Gift aus, das eine Erkrankung des Gefühlslebens, Angst- und Depressionszustände, ja sogar Haßgefühle gegenüber dem Partner auslösen kann.

Weinen wirkt Wunder!

Wenn Sie eine Niederlage erlitten haben, hilft kein Groll – das große Schweigen nach einem Ehekrach hat noch nie zu einem positiven Ende geführt. Statt dessen können Wut und Gram wie eine bösartige Geschwulst in einem Menschen wuchern, den warmen, ungezwungenen Ausdruck von Liebe und Freude verhindern und sich gegen das Leben selbst wenden. Es spricht daher nichts dagegen, wenn man sich nach einem Ehekrach einfach gehenläßt – nach dem Motto: »Heul dich aus!«

Weinen ist Balsam für die Seele. Wenn Tränen geflossen sind, fühlen wir uns meist wohler. Weinen wirkt Wunder – weil wir dabei Gefühle von Niedergeschlagenheit, Zorn und Trauer abbauen können; es bewahrt uns vor einem seelischen Kollaps, wir fühlen uns hinterher befreit, sehen die Welt nicht mehr so rabenschwarz – und wir sind leichter bereit zu verzeihen!

Zugegeben, verzeihen ist nicht einfach, und der englische Dichter ALEXANDER POPE wußte, wie schwer es fällt, sich dazu durchzuringen, als er schrieb: »Irren ist menschlich, vergeben göttlich!«

Fühlen wir uns verletzt, können wir einerseits vorgeben, nicht getroffen zu sein, wir können andererseits versuchen, uns zu rächen – oder wir tun, was oberflächlich betrachtet völlig abwegig scheint und auch übermenschlich ist: Wir können vergeben!

Aber verzeihen ist nicht gleichbedeutend mit vergessen. Wir vergessen nur ganz selten – was zuweilen von Vorteil ist: Eine Frau, die ihrem Mann einen Seitensprung vergibt, darf seine menschliche Schwäche nicht vernachlässigen, sondern wird darauf hinwirken, daß seine Tat nicht ihr gemeinsames Leben negativ beeinflußt und der gegenseitigen Wiederannäherung im Weg steht.

Und verzeihen heißt ebensowenig versöhnen. Allzuoft weichen wir einer Verzeihung aus und versöhnen uns, ohne weiter darüber nachzudenken, was verziehen werden muß, damit die Wunden tatsächlich heilen können. Eine Ehe, in der ein Partner aber nicht verzeihen kann, ist aber keine richtige Ehe. Auch mit einem Ehebruch – so häßlich er immer sein mag – kann man fertig werden. Schließlich ist die Ehe kein bloßer Vertrag, sondern eine Schicksalsgemeinschaft, die von Vertrauen und Vergeben lebt. Das läßt sich durch nichts ersetzen. Wer nicht vertrauen kann und wem man nicht vertraut, wer nicht verzeihen kann und nicht verzeiht, der kann auch nicht lieben.

Am übelsten sind die Nörgler!

Aber da gibt es eine Sorte von Menschen, die zu lieben recht beschwerlich ist. Gemeint sind die ewigen Nörgler – Zeitgenossen, die stets an dem anderen etwas auszusetzen haben. Meist handelt es sich um verklemmte und unglückliche Geschöpfe, die sich wichtig machen und von der eigenen Unzulänglichkeit ablenken wollen, indem sie pausenlos auf die Mängel anderer hinweisen. Es wird gemeckert auf Teufel komm raus, und fast immer ist der Anlaß eine Kleinigkeit.

Tiefgreifende Konflikte lassen sich ja mit Anstand austragen, aber stetige Nörgelei geht jedem mit der Zeit auf die Nerven, sie nagt an Herz und Nieren – als würde eine Wunde mit Salzwasser behandelt, so daß sie nicht zuheilen kann. Und fast immer handelt es sich um Nebensächlichkeiten:

»Habe ich dich nicht schon fünfmal gebeten, die Schuhe im Hausflur auszuziehen? Du weißt doch, welche Flecken sie auf dem Teppich machen können! Und ich darf sie dann wegputzen, statt mich auch einmal ausruhen zu können! Du sitzt ja nur im Sessel und trinkst dein Bier, während ich mich abrackern muß!« (sagt sie).

Oder er: »Ich möchte dich bitten, dafür zu sorgen, daß die Kinder nicht so einen Krach machen, wenn ich abgekämpft nach Hause komme. Schließlich kann ich das als Familienoberhaupt ja wohl erwarten ...«

All diese Nörgeleien drehen sich um Kleinigkeiten, über die man im Ernst nicht einmal zehn Sekunden lang diskutieren dürfte. Doch meist besteht das Leben – und besonders das Zusammenleben — aus Nebensächlichkeiten. Und nicht selten sagen diese Banalitäten eine ganze Menge über die Schwierigkeiten einer Ehe aus:

Hinter jeder Meckerei steht – bewußt oder unbewußt – ein innerer Monolog. So könnte er bei der »Teppich«-Frau vielleicht so lauten: »Im Grunde genommen weiß ich schon lange, daß er sich nichts mehr aus mir macht. Er denkt eben nur an seine Arbeit – oder womöglich an eine andere? Jedenfalls kümmert er sich einen Dreck um das, was ich sage, meine bescheidenen Wünsche werden von ihm einfach überhört. Sicherlich mit Absicht. Sollte er es aber unabsichtlich tun, wäre das noch viel schlimmer, weil es beweist, daß er mir überhaupt nicht mehr zuhört. Wir leben eben nur noch nebeneinander her. Für ihn bin ich doch nur noch die unbezahlte Haushälterin!«

Der innere Monolog ihres Ehemanns ist auch nicht gerade

freundlich. Er könnte sich so ausdrücken: »Ich finde es unmöglich, daß die Frauen nicht einmal das geringste Verständnis für einen schwer schuftenden Mann aufbringen! Da ackert und rackert man sich ab, doch eine Anerkennung gibt's nie! Wenn ich ihr das Haushaltsgeld gebe, sagt sie noch nicht einmal ›danke‹, auch nicht, wenn sie von mir das Geld für die Kinderkleidung kriegt! Alles ist für sie eine Selbstverständlichkeit – Miete, Strom, Fernsehen, sogar die Hausgehilfin! Aber was ich dafür an Arbeit leisten muß, darüber denkt sie nicht nach. Weil sie nur Ansprüche hat! Rücksichtsnahme? Daß ich nicht lache! Sie hat einfach kein Verständnis für mich und meine Probleme und Ziele. Aber sie müßte doch begreifen, daß ich mich für meine Familie aufopfere! Doch wenn ich ein bißchen Rücksichtsnahme verlange, schnappt sie gleich ein, daher sage ich lieber gar nichts mehr. Also, wenn ich ganz ehrlich bin: Mir stinkt's! Ich habe die Nase gestrichen voll! Ach, hätte ich doch niemals geheiratet!«

Während er so vor sich hinsinniert, bemerkt er gar nicht, daß ihm seine häkelnde Gattin einige haßerfüllte Blicke zuwirft. Weil sie in der Zwischenzeit mit ihren Gedanken fortgefahren ist: »Eigentlich verstehe ich nicht, daß ich ihn geheiratet habe! Er ist ja total verschlampt! Aber damals war ich dumme Gans ja stolz auf meine Klugheit, auf meine Interessen, meinen Intellekt. Unwahrscheinlich stolz, daß mich ein ›geistiger‹ Mensch zur Frau haben wollte. Weil er mich mit dem Spruch einlullte, daß er nur mit mir zu wirklicher geistiger Höhe gelangen und das erreichen könne, was er sich zum Ziel gesetzt hat. Und was ist jetzt: Schau dir doch diesen biersaufenden Kerl an – er hat mein Leben verpfuscht!«

Solche Beispiele gibt's viele, und fast immer ist die Nörgelei der Ausdruck einer tiefen Lebensenttäuschung. Aber die wenigsten Nörgler wissen es. Und es gibt Ehepaare, die ohne ihren täglichen kleinen Zank nicht leben können. Sie glauben, daß er die Atmosphäre reinige, sie munter und schlagfertig erhalte und im Grunde bedeutungslos sei.

Das stimmt jedoch nicht. Weil die meisten Nörgler mit ihrer Meckersucht Mitgefühl erwecken und sich am Lebensgefährten rächen wollen. Das Granteln ist im allgemeinen nämlich eine ganz und gar eheliche Angelegenheit, daher sollten sich die Ehepaare Gedanken darüber machen, ob sich diese ewige Meckerei nicht vielleicht doch vermeiden läßt. Denn sonst wird mit der Zeit das Zusammenleben mit einer Art von schimmeligem Spinngewebe überzogen, unter dem die Liebe, Zuneigung und Kameradschaft ihre Farbe, ihren Geschmack und ihre Haltbarkeit verlieren.

Gibt es ein Rezept gegen das Nörgeln? Aber ja! Es lautet: Distanz, Humor, Einfühlungsvermögen und das Wissen, daß wir selbst nicht vollkommen sind. Und sollten Sie mittlerweile festgestellt haben, daß auch Sie nicht gegen Quengeleien gefeit sind, weil Ihnen einige Schwächen des Partners gehörig auf den Geist gehen, dann versuchen Sie es doch einmal mit dieser kleinen Therapie:

Sprechen Sie mit Ihrem Partner ganz offen über seine Unarten oder Fehler – aber nur einmal! Vorher bitten Sie ihn, nicht sofort darauf zu antworten, jedoch möge er den Vorwurf ernst nehmen und am nächsten Tag dazu Stellung nehmen.

Meistens ist es so: Der Getadelte – auch wenn er im Moment der Kritik über den Dingen steht – wird seine Fehler überdenken und in seinem Herzen bewegen. Und am nächsten Tag wird er sagen: »Ich werde mir Mühe geben, das abzustellen.« Oder er kommt zu folgendem Resultat: »Ich sehe nicht ein, warum ich mir das abgewöhnen soll!« So oder so ist dann die Angelegenheit erledigt – und sie ist ein nahezu unfehlbares Mittel gegen das Nörgeln.

Ein anständiger Stunk reinigt die Luft!

Viel erfrischender – und ertragreicher – ist da ein handfester Ehekrach, bei dem sich beide Partner furchtbar anblaffen – und danach herrscht Ruhe. Sicher kennen Sie das großartige Gefühl, sich nach einem Streit wieder in die Arme zu nehmen. So stark war das Gefühl vor dem Krach nicht. Deshalb ist es zuweilen sogar ratsam, einen Ehekrach zu provozieren – ihn aber gekonnt unter Kontrolle zu halten. Weil durch den Streit sonst unterdrückte Gefühle an die Oberfläche gespült werden – und die sind allemal stärker als unser bißchen Verstand.

Welcher ist nun der »beliebteste« Grund für einen Ehekrach?

Nein, nicht der Seitensprung des Partners – das liebe Geld liefert immer wieder Zündstoff für mehr oder weniger lautstarke Diskussionen. Doch nicht immer sind Geldknappheit oder zu hohe Ansprüche die Anlässe, daß sich Mann und Frau erbittert befehden, vielmehr ist die Ursache des Streits woanders zu suchen: in der unreifen und unrealistischen Einstellung zum Geld oder in dessen gefühlsmäßiger Anwendung als Waffe beziehungsweise als Ausgleich für Unzulänglichkeiten.

Schon zu Beginn ihrer Ehe sollten sich die Partner, was die Behandlung der Finanzen betrifft, irgendwie einigen – etwa auf einen übersichtlichen Haushaltsplan. Jedoch ist die Einstellung zu ihm viel wesentlicher. Und ganz wichtig sind gemeinsame Ziele und Wertvorstellungen, denn selbst bei einem ausreichenden Einkommen können Meinungsverschiedenheiten beim Ausgeben und Sparen entstehen.

Ein Beispiel: Der Ehemann gibt horrende Summen für das Videofilmen aus, ein Hobby, dem seine Frau keinerlei Interesse entgegenbringt. Eine Kamera genügt ihm nicht, es müssen noch zwei weitere her – die eine ist mit den neuesten Errungenschaften der Videotechnik ausgestattet, die andere eignet sich »hervorragend« für Unterwasseraufnahmen. Wegen dieser hohen Kosten muß die Frau die billigsten Lebensmittel einkaufen – und dann beklagt sich der Ehemann über das dürftige Essen!

Auch Jungverheiratete denken selten ans Sparen. Vielmehr geben sie ihr Geld für Sofortfreuden aus – wollen ihre Wünsche nach Luxus auf der Stelle befriedigen. Andere legen großen Wert auf Prestige, und wieder andere brauchen teure Stereoanlagen, Fernsehgeräte, Videogeräte und dergleichen zur Steigerung ihres Selbstbewußtseins. Doch hohe Geldausgaben als sichtbarer Ausdruck des vermeintlichen Wohlstands sind nicht nur bei jungen Paaren üblich. Wer kennt nicht den »spendablen Herrn«, der im Restaurant oder in der Bar stets die Rechnung für die Freunde bezahlt: »Ihr seid selbstverständlich meine Gäste!« Oder er kauft sich permanent neue, modernere Autos, stattet sich dauernd mit der neuesten Garderobe aus, obwohl er sich das gar nicht leisten kann. Ein bedauernswerter Mensch – will er doch nicht nur Eindruck auf andere machen, er muß sich auch immer wieder selbst bestätigen, wie bedeutend und erfolgreich er ist.

Andererseits gibt es dann jene Ehen, in denen der eine Partner ein geradezu fanatischer Sparer ist, oftmals in dem unterbewußten Bestreben, damit frühere Entbehrungen zu verdrängen. Hier wird sich die geplagte Ehefrau beschweren, daß sie nie genug Geld für Lebensmittel hat, weil ihr Mann das meiste zur Bank bringt, es in Grundstücke steckt oder in Wertpapieren anlegt. Auf der anderen Seite gibt es Ehemänner, die fünf Tage in der Woche Spaghetti mit Tomatensoße vorgesetzt bekommen, weil die Frau mit allen Mitteln versucht, etwas vom Haushaltsgeld abzuzwacken, weil sie sich sehnlichst ein neues Kleid wünscht.

In nicht wenigen Familien wird das Geld als Waffe im Kampf um die Vorherrschaft eingesetzt. Oder zum Ausdruck für Belohnung oder Strafe. So kriegen sich zum Beispiel Mann und Frau in die Haare, weil er auf einer Party angeblich mit einer anderen Dame zu sehr geflirtet hatte – und die Frau fährt am nächsten Tag in die Stadt, um sich einen halben Schrank voll teurer Kleider zu kaufen. »Frustkauf« nennt man so was. Oder eine verschwenderische Ehefrau hält ihren Mann ständig am Rande des Ruins und will ihm so jahrelang »beweisen«, wie unzulänglich er doch ist.

Andere Ehemänner wollen mit Hilfe des Geldes zeigen, wer der »Herr im Hause« ist. So etwa zeigen sie sich dann recht knauserig, wenn sich die Frau im Bett nicht gerade als sehr entgegenkommend erweist. In extremen Fällen verheimlicht der Mann seiner Frau ihrer beider finanzielle Lage, indem er ihr lediglich das Haushaltsgeld zukommen läßt: »Das muß reichen, mehr gibt's nicht!« Einige Männer verweigern ihren Frauen nach einem Streit auch noch diesen Betrag.

Wer aber soll in der Ehe die finanziellen Angelegenheiten

regeln? Traditionsgemäß fällt diese Aufgabe dem Mann zu, jedoch versteht es die Frau nicht selten besser, die anfallenden Kosten zu überblicken und auf die Bezahlung der Rechnungen zu achten. Doch häufig wird die Entscheidung, wer die Führungsrolle in finanziellen Dingen übernehmen soll, noch immer nicht danach getroffen, wer das Geld am besten zusammenhalten kann. Tradition und die Beziehung zwischen Geld und Männlichkeit machen es dem Mann schwer, hier seinen Autoritätsanspruch abzutreten. Dabei ist es völlig unwichtig, wer in der Ehe am meisten verdient – als »Finanzminister« in der Familie sollte stets derjenige fungieren, der am besten mit Geld umgehen kann.

Die meisten Ehekräche ums Geld ließen sich aber vermeiden, wenn beide Partner erkennen würden, daß es eigentlich gar nicht so sehr darum geht, sondern um Ansichten und Gefühle. Deshalb hier ein kleiner Fahrplan, wie Sie den Streit ums Geld vermeiden können:

1. *Zahlen lügen nicht.* Entweder Sie verfügen über Geld oder nicht, daher sollten Sie beim Geldausgeben oder bei finanziellen Entscheidungen so sachlich wie möglich vorgehen. Versuchen Sie dabei, auf die Wünsche und Bedürfnisse beider Partner Rücksicht zu nehmen.
2. *Setzen Sie sich kurz- und langfristige Ziele.* Planen Sie große Anschaffungen wie die eines Autos oder einer Couchgarnitur rechtzeitig. Machen Sie dasselbe für die Ausbildung der Kinder und Ihre alten Tage.
3. *Das gesamte Einkommen muß als »unser« angesehen werden.* »Sie« und »Er« machen sich ja als Handtuchdekor ganz gut, aber beim Geld geht das nicht.
4. *Das letzte Wort zu den Finanzen sollte derjenige Ehepartner haben, der durch Fähigkeit und Temperament zu deren Handhabung am besten geeignet ist.*
5. *Versuchen Sie, mit dem Partner über die Bedeutung des Geldes auf einen Nenner zu kommen.* Da Mann und Frau in puncto Geld verschiedene Erfahrungen und Standpunkte in die Ehe mitbringen, sollten sie ihre Ansichten offen

besprechen. Beide müssen sich klar sein, welchen Sinn das Geld für den anderen hat.

6. *Lassen Sie Ihre Kinder bei Diskussionen über Geld dabeisein.* Sie haben oft gute Ideen, wie man Finanzierungsprobleme gemeinsam lösen könnte, und wenn sie sich des Geldwertes bewußt sind, werden sie kaum größere Ansprüche stellen.

3

Von der Eifersucht zum Ehebruch: Zerreißproben einer Ehe

Schwindeln Sie gekonnt!

Besonders wenn's ums Geld geht, sind den Frauen kleine Lügen durchaus erlaubt. Weil sie damit ihre Ehemänner glücklich machen. Weil sie auf sie Rücksicht nehmen. Weil sie ihre Männer davor bewahren, sich von ihrer schlechtesten Seite zu zeigen.

Wenn eine Frau ein kostbares Parfüm kauft und ihrem Mann sagt, es wäre doch bloß etwas ganz Billiges, erspart sie es ihm, seine Engherzigkeit zu enthüllen und Krach zu schlagen. Eine kleine Lüge – und doch ein großer Beweis weiblicher Zärtlichkeit.

Die Perfektion, mit der eine Frau schwindelt, verdankt sie der täglichen Übung: Wüßte ihr Mann beispielsweise, wieviel der herrliche Spargel gekostet hat, würde er ihm nicht mehr schmecken. Daher sagt sie, es sei ein Sonderangebot gewesen, das Kilo habe nur zehn Mark gekostet – und jammert darüber, daß sie für zwei Rollen Nähgarn zwölf Mark ausgeben mußte. Kein Mann ist darüber informiert, was Nähgarn kostet, aber er weiß, daß damit seine abgerissenen Hemdenknöpfe angenäht werden.

Und was ist, wenn kurz vor Monatsende totale Ebbe im Wirtschaftsportemonnaie herrscht? Londoner Hausfrauen haben einmal über dieses Problem diskutiert; dabei wurde schließlich folgender Ratschlag preisgekrönt:

»Wenn es nicht mehr für das Abendessen langt, dann sieh zu, daß der Eßtisch wie zu einem festlichen Anlaß gedeckt ist. Stelle Blumen, Kerzen und das beste Porzellan auf den Tisch. Dann geh in die Küche und laß in der Bratröhre einen frischen Knochen (der ja nur eine Kleinigkeit kostet), an dem noch Fleischreste sein sollen, gründlich verkohlen. Bald wird die Wohnung von Qualm erfüllt sein – sie darf jedoch keinesfalls gelüftet werden. Wenn dann dein Mann heimkommt, wird er dich in Tränen aufgelöst vorfinden, weil der Braten der für zwei, drei Tage reichen sollte, verbrannt ist.«

Entweder könne nun das Gemüse, das als Beilage dienen sollte, aufgetragen werden, höchstwahrscheinlich werde aber der Mann sagen: »Schatz, weine nicht – komm, wir essen im Restaurant!«

Das Schwindeln ist den Frauen aber nicht angeboren, sie müssen es lernen. Jungverheiratete Frauen lügen daher mit ängstlichem Herzen – aber mit Erfolg, und so mogeln sie munter weiter. Eheveteraninnen, deren Hochzeit bereits fünf, zehn oder mehr Jahre zurückliegt, finden überhaupt nichts mehr dabei, dem Ehemann etwas vorzumachen, und wenn sie auf diese Weise das Geldproblem in den Griff bekommen haben, schwindeln sie meist der Kinder wegen.

Der Mann darf nicht erfahren, daß der Jüngste vom Ältesten verdroschen wurde und die genervte Mutter daraufhin beide Jungen geohrfeigt hatte – anstatt, wie es ihr Mann ausdrücklich gewünscht hätte – »vernünftig mit den Kindern zu sprechen«. Sie wird mit fliegenden Rockschößen von einem Geschäft ins andere hetzen, um genau die gleiche pinkfarbene Krawatte aufzutreiben, die der Sohn ungefragt vom Vater »ausgeliehen« und mit Colaflecken bespritzt wieder hingehängt hatte. Sie wird den Schuldirektor anflehen, Gnade vor Recht ergehen zu lassen, wenn der Sohn beim Rauchen erwischt wurde.

Fällt dem Ehemann dann abends auf, daß dicke Luft herrscht, wird er eine flink ausgedachte Geschichte zu hören bekommen. Zum Beispiel ist es die hohe Telefonrechnung, über die sie sich geärgert, oder ein Politiker, über den sie sich maßlos aufgeregt hat.

Frauen sind wahre Meister, wenn es etwas zu vertuschen gibt – und sie tun es stets aus Liebe. Sie spielen ihren Männern Gesundheit vor, wenn sie krank sind, imaginäre Leiden, wenn ihnen nichts fehlt. Hat der Mann Sorgen im Geschäft, macht die Frau in strahlendem Optimismus; ist der werte Gatte eine Niete, erklärt sie ihm, daß die Welt seine Begabung verkennt; verliert er seine Stellung, versichert sie, daß er bald eine viel bessere finden wird.

Doch mit einer Art Lüge kann die Frau auch erheblichen Schaden anrichten: »Als ich heute vom Friseur kam, stoppte ein toller Bursche in einem Ferrari neben mir und wollte mich zum Essen einladen!«

Es war natürlich kein toller Bursche, und es war bloß ein ältlicher VW-Polo, und alles, was der Mann gesagt hatte, war: »Geht's hier zum Bahnhof?«

Aber die Frau schwindelt, um sich begehrenswert zu machen – und dann kann es durchaus passieren, daß wenig später wieder einmal der Haussegen schief hängt, weil ihr Mann eifersüchtig ist.

Eifersucht spielt nach wie vor eine Hauptrolle bei Ehekonflikten. Aber kaum jemand gibt dies aus freien Stücken zu. Heute gilt es als schick, nicht eifersüchtig zu sein. Dabei tut die Untreue des Partners auch jetzt noch genauso weh wie früher.

Warum tut die Eifersucht weh?

Der Anthropologe Ernest Borneman ist der Meinung, die Eifersucht sei in unserer Gesellschaft eine Art »Zivilisationsneurose«. Er unterscheidet zwischen zwei Formen der Eifersucht: der männlichen und der weiblichen.

Die Frauen, meint Borneman, sind eifersüchtig, weil sie durch eine andere Frau ihre Existenz gefährdet sehen. Die Rivalin will den Ernährer wegschnappen. Darum tobt die – vermeintlich – betrogene Frau vor Eifersucht.

Der Mann hat laut Borneman andere Gründe für die Eifersucht. Er fürchtet in dem Liebhaber seiner Frau den sexuellen Rivalen. Fast immer glaubt er, der Rivale sei mit einem größeren Liebesorgan ausgestattet, das mit Raffinesse eingesetzt wird. Denn – warum sollte die Frau sonst fremdgehen?

So die Meinung des Experten. Doch haben die von ihm genannten Motive heute noch Gültigkeit? Immerhin sind jetzt fast alle Frauen fähig, sich selbst zu ernähren. Eine sexuelle Rivalin muß ihnen also nicht unbedingt die Butter vom Brot nehmen. Und auch unter den weniger gut informierten Männern hat sich mittlerweile herumgesprochen, daß die Größe des Phallus nicht ausschlaggebend für die weibliche Befriedigung ist.

Offenbar handelt es sich bei der Eifersucht doch um einen ursprünglicheren Antrieb, der von gesellschaftlichen Moralmoden zwar beeinflußt, aber nicht beseitigt werden kann. Seit jeher neigen Männer dazu, mit wütendem Gebrüll auf ihren Rivalen loszugehen, speziell wenn in flagranti ertappt. Männliche Eifersucht ist spontan und oft gewalttätig.

Eifersüchtige Frauen verhalten sich dagegen eher nachtragend. Sie nehmen an, daß der Kater das Mausen doch nicht läßt – einmal erwischt, hat mancher sündige Ehemann keine unbewachte freie Minute mehr.

Der Grund zur Eifersucht liegt meist nicht in der persönlichen Veranlagung, sondern beispielsweise in der Wahl des Partners. Wenn ein Mann eine Frau geheiratet hat, die seiner Meinung nach für ihn eigentlich viel zu schön oder zu sexy ist, dann wird er ständig in der Furcht leben, dieser Frau könnte eines Tages ein anderer Mann besser gefallen. Hätte seine Wahl eine weniger attraktive Frau getroffen, würde die Eifersucht vielleicht überhaupt nicht ins Gewicht fallen.

Und natürlich spielt die Liebe in Verbindung mit der Eifersucht eine maßgebliche Rolle. Die Liebesehe ist für die Eifersucht erheblich anfälliger als eine Vernunftehe. Menschen, die aus praktischen Erwägungen geheiratet haben, betrachten ihr Verhältnis viel nüchterner. Die anderen aber, die im ersten Rausch der Gefühle das Leben zu zweit beginnen, werden in der Regel den beängstigenden Gedanken nicht mehr los, daß der Blitz, der sie einmal getroffen hat, irgendwann woanders einschlagen könnte. Wenn die Eifersucht diese Menschen einmal gepackt hat, dann können sie sich kaum mehr von ihr befreien.

Eifersucht ist aber nicht gleich Eifersucht. Vielmehr läßt sie sich in vier Stadien einteilen:

1. Die normale und gesunde Eifersucht: Sie richtet sich gegen den Nebenbuhler und versucht, den Eindringling auszuschalten. Dieses Gefühl geht auf Rivalitätskämpfe zurück, die im Tierreich zwischen den Männchen ganz normale Instinkthandlungen sind. Der biologische Sinn: Der Stär-

kere soll sich eher fortpflanzen als der Schwächere, damit die Art erhalten bleibt. Diese Art von Eifersucht erlebte in vergangenen Jahrhunderten ihre Pervertierung im menschlich-männlichen Duell, im Kampf auf Leben und Tod um eine Frau.

2. Nicht mehr normal ist die Eifersucht, wenn sie sich gegen den eigenen Partner richtet und der Nebenbuhler eine Randfigur bleibt. Jede Eifersucht, in der sich männlicher Haß gegen die Frau ausdrückt, ist anomal. Dieses Eifersuchtsgefühl drückt sich in masochistischen oder sadistischen Handlungen aus – eine sexuelle Perversion, die darin gipfeln kann, daß sich der Eifersüchtige selbst umbringt beziehungsweise seelisch ruiniert; oder daß er die Lebensgefährtin quält oder sogar tötet.
3. Steigert sich jene Eifersucht, die sich gegen den Partner richtet, zur Sucht, entsteht ihre dritte Form. Sie ist ein chronisches Leiden, dessen Heilung auch mittels Psychotherapie als fraglich erscheint. Zu dieser Eifersucht gehört die Hörigkeit. Nur wer einem anderen voll hörig ist, kann so eifersüchtig werden. Das führt unter Umständen dazu, daß sich der Eifersüchtige wie ein Fetischist benimmt. Er sucht nicht mehr die Liebe des Partners, sondern findet seine Lust im ständigen Leid. Oft ist solch ein Eifersüchtiger potenzschwach oder impotent. Er trachtet nicht mehr nach Entspannung in der Liebe, sondern lebt in der Qual der Dauerspannung. Er hat den Sinn der Eifersucht total vergessen, sein Interesse an dem einst geliebten Partner ist völlig erloschen.
4. Die letzte Form der Eifersucht ist schließlich der Eifersuchtswahn. Es handelt sich hier um eine echte geistige Erkrankung und ist oft das Symptom einer anderen psychischen Krankheit, beispielsweise bei Schizophrenen, Alkoholikern oder vergreisten Männern. In diesem Stadium kann die Eifersucht groteske Formen annehmen: Plötzlich beschuldigt ein bisher glücklich verheirateter Mann völlig sinnlos seine sechzigjährige Frau der Untreue mit dem zwanzigjährigen Nachbarssohn. Oder: Nach langjähriger

Ehe taucht aus heiterem Himmel der Verdacht auf, die eigenen Kinder könnten von einem anderen Mann sein. Oder: Eine eifersüchtige Frau spannt abends vor alle Türen und Fenster dünne Fäden, um den Ehemann nach seinen nächtlichen Ausflügen überführen zu können.

Das Teuflische an der krankhaften Eifersucht ist, daß sie zu einer Art Wahnsinn werden kann. Sie wächst unaufhaltsam wie eine Lawine, und es gibt kein Argument, das die Eifersucht widerlegen könnte. Weil jedes Gegenargument zum Beweisstück der Schuld umgemünzt wird: Man kann sagen, was man will, der Eifersüchtige sieht sich damit nur noch eher in seinem Wahn bestätigt. Schweigt der Partner auf Vorwürfe, gibt er sowieso alles zu. Wehrt er sich, hat er offensichtlich allen Grund, sich zu verteidigen. Weint der Angegriffene, will er in den Augen des Eifersüchtigen nur Mitleid erwecken, weil die Tränen seiner Meinung nach das Eingeständnis einer Schuld sind. Weint er jedoch nicht, zeigt er damit ganz deutlich, daß alles stimmt, was ihm vorgeworfen wurde.

Kurz: Wie immer sich der oder die Angegriffene auch verhält, es gibt kein Mittel und keinen Weg, den Eifersüchtigen von seinem selbstquälerischen Wahn zu heilen. Ganz plötzlich erinnert er sich an Szenen und Ereignisse, die längst vergessen schienen. Alle Einzelheiten hat er parat und baut sie immer wieder neu zusammen. Er sieht und hört Dinge, die nirgendwo existieren. Das geht so weit, daß sich der eingebildete Ehebruch des Partners schlimmer auswirkt als ein echter.

Wie eifersüchtig sind Sie?

Hier zuerst fünf Fragen an die Damen:

1. Ihr Mann flirtet auf einer Party in der Nachbarschaft mit einer attraktiven Frau. Ohne Sie zu beachten, unterhalten sich die beiden angeregt, lachen und tauschen vielsagende Blicke aus. Haben Sie Grund zur Eifersucht?

Aber ja, Sie haben! Sie dürfen wenig, aber auch sehr eifersüchtig sein. Zwar ist das Interesse Ihres Mannes noch kein Grund zur Eifersucht, weil er jedoch vor Ihren Augen mit der anderen flirtet, ist dies eine echte Kränkung für Sie und läßt vermuten, daß Ihr Mann Sie bewußt reizen will.

2. Beim Aufräumen im Keller finden Sie ein Bündel Liebesbriefe, die Ihr Mann nach einem Verhältnis mit einer ehemaligen »Flamme« aufbewahrt hat. Als Sie ihn zur Rede stellen, sagt er: »Ach, das gehört doch der Vergangenheit an!« Sollten Sie ihm eine Szene machen?
   Nein, Sie dürfen zwar wegen der alten Liebesbriefe etwas eifersüchtig sein, es aber nicht zeigen. Ein Verhältnis vor der Ehe gehört zur Persönlichkeitsformung, daher können Sie nicht erwarten, daß Ihr Mann seine Erinnerung an die ehemalige Freundin bei der Heirat aufgibt.
3. Ihr Mann hat einen Seitensprung hinter sich, den Sie ihm – großmütig, wie Sie nun einmal sind – nach längerem Gekränktsein verziehen haben. Trotzdem kommt Ihr Gatte immer wieder mit dieser Frau geschäftlich zusammen, und gelegentlich lädt er sie sogar zum Mittagessen ein. Ist das ein Grund für Sie, eifersüchtig zu sein?
   Aber ja! Es ist vollkommen verständlich, daß Sie eifersüchtig sind, wenn Ihr Mann mit seiner ehemaligen Geliebten zum Mittagessen geht – auch wenn es geschäftliche Gründe hat. Im Gegensatz zu einer Beziehung, die vor der Ehe bestanden hat, ist diese Frau eine echte Rivalin geworden – und könnte es wieder werden. Fänden aber die Besprechungen in deren Büro, zu normalen Arbeitszeiten statt, wäre Eifersucht fehl am Platz.
4. Ihr Mann war schon einmal verheiratet und hat aus der ersten Ehe eine Tochter und einen Sohn. Zweimal im Monat besucht er seine Ex-Frau, um über die Kinder zu sprechen. Doch zuweilen bleibt er länger bei ihr, dann reden die beiden über alte Zeiten, Freunde und andere gemeinsame Themen. Ist das Verhalten Ihres Mannes richtig?
   Ja, es ist nichts dagegen einzuwenden, weil man es Ihrem Mann nicht übelnehmen kann, wenn er sich mit seiner frühe-

ren Frau bespricht. Es ist allerdings ganz natürlich, wenn Sie auf ausgedehntere Treffen eifersüchtig reagieren: Kann doch die Ex-Frau immer noch eine Rivalin sein.

5. Während einer längeren Geschäftsreise ist Ihr Mann in einer Bar mit einer Frau ins Gespräch gekommen, das schließlich wegen seiner wochenlangen Trennung von Ihnen und der daraus resultierenden sexuellen Enthaltsamkeit im Bett dieser nächtlichen Bekanntschaft endete. Ihr Mann behauptet nun, das sei ein einmaliger Ausrutscher gewesen, er würde es niemals wieder tun. Dürfen Sie eifersüchtig sein?
   Natürlich – Sie dürfen nicht nur wahnsinnig eifersüchtig sein, es sollte sich sogar eine Stinkwut hinzugesellen. Weil die Erklärung Ihres Mannes – die wochenlange sexuelle Enthaltsamkeit – eine billige Ausrede ist. Wenn es Ihr Mann nämlich mit der Treue ernst meinte, kann das keine Entschuldigung sein. Und was den »Druck« betrifft, da gibt es andere Möglichkeiten, sich zu erleichtern, ohne daß die Ehe gefährdet wird.

Nun sind die Herren an der Reihe: Wann dürfen Sie Eifersucht zeigen? Darüber sollen ebenfalls fünf Fragen Aufschluß geben:

1. Sie sind zu einer Party eingeladen und müssen bald feststellen, daß Ihre Frau andauernd mit einem gutaussehenden Mann tanzt und sich auch sonst mit ihm großartig amüsiert. Da Sie kein guter Tänzer sind, lassen Sie Ihre Frau gewähren. Aber: Dürfen Sie ihr auf dem Nachhauseweg ein paar »offene Worte« sagen?
   Ja. Weil Sie nämlich zumindest ein bißchen, vielleicht aber auch ziemlich eifersüchtig sein dürfen. Weil Ihre Frau den ganzen Abend mit dem anderen Mann tanzte, fühlten Sie sich ausgeschlossen, und so mußte es auch für die übrigen Gäste aussehen. Aber es ist gut, wenn Sie Ihrer Frau erst nach der Party die Meinung sagen – die Eifersucht in sich hineinzufressen oder Ihre Frau vor den anderen wütend zur Rede zu stellen, wäre gleichermaßen falsch gewesen.
2. Der ehemalige Freund Ihrer Frau kommt in die Stadt und möchte sich mit ihr irgendwo zu einem Glas Wein treffen.

Ihre Gattin sagt zu und erklärt Ihnen: »Da ist doch nichts dabei, schließlich sind wir alte Freunde!« Haben Sie Grund zur Eifersucht?

Ja, aber nur etwas. Daher sollten Sie klugerweise Ihrer Frau keine großen Vorhaltungen machen. Sie hat nämlich ein Recht auf ihre Vergangenheit, solange sie mit dem Zusammentreffen nicht Ihre Ehe gefährdet. Aber Sie dürfen den ehemaligen Freund Ihrer Frau schon als Konkurrenten empfinden und sich ausgeschlossen fühlen. Daher wäre es am besten, wenn Sie Ihre Frau bäten, mitkommen zu dürfen.

3. Während einer ausgelassenen Feier bei Freunden ist plötzlich Ihre Frau verschwunden. Sie suchen nach ihr und entdecken sie schließlich im schwach beleuchteten Schlafzimmer der Gastgeber – just in dem Moment, als sie einen Mann hingebungsvoll küßt. Sofort erklärt sie Ihnen, daß es zu dem Kuß nur aus der Stimmung des Augenblicks gekommen sei und dieser nichts zu bedeuten habe. Ist die Sache für Sie damit erledigt, oder darf die Eifersucht Sie überkommen?

   Sie sollten reichlich, wenn nicht sogar überaus eifersüchtig reagieren, weil die Erklärung Ihrer Frau nicht glaubwürdig ist. Entweder ihr fehlt der Einblick in ihre Beweggründe, oder sie will sich herausreden – und wenn es einmal zum erotischen Kontakt gekommen ist, kann daraus schnell mehr werden. Was Ihnen außerdem bedrohlich erscheinen muß, ist der Umstand, daß Ihre Frau impulsiv gehandelt haben will – solch einem Menschen kann man schwer vertrauen.

4. Ihre Frau unterhält sich am Telefon mit einem alten Freund sehr lange über sehr persönliche Dinge: Familienprobleme, gemeinsame Freunde, ihre beruflichen Schwierigkeiten. Dürfen Sie eifersüchtig reagieren, obwohl Sie hundertprozentig wissen, daß Ihre Frau mit dem Mann nie ein intimes Verhältnis hatte?

   Es ist völlig verständlich, wenn Sie etwas Eifersucht zeigen, Sie dürfen diese sogar erheblich steigern. Schließlich sieht es so aus, als würden Sie von einem wichtigen Bereich im Leben Ihrer Partnerin ausgeschlossen – zeigt sie Ihnen doch, daß ihr der gute alte Freund als Gesprächspartner wichtiger ist als Sie.

5. Sie kommen dahinter, daß Ihre Frau seit einigen Monaten einen Geliebten hat. Natürlich stellen Sie sie zur Rede, und sie gibt sofort den Seitensprung zu, schwört aber dabei, daß ihre Untreue nichts an ihrer Liebe zu Ihnen geändert habe. Und Ihre Frau geht noch weiter, indem sie behauptet, Sie auf Ihre und ihren Geliebten auf seine Art zu brauchen und zu lieben, daher sollten Sie sich doch damit einverstanden erklären, daß alles so weiterlaufe wie bisher. Wie würden Sie darauf reagieren?
   Also, wenn Sie kein Pantoffelheld sind, rasten Sie aus und zeigen Ihre enorme Eifersucht! Die Beziehung war geheim, bis Sie dahinterkamen; sie stellt somit einen Vertrauensbruch und eine erhebliche Gefährdung der Ehe dar. Recht unverschämt ist die Bitte Ihrer Frau, die Dinge so weiterlaufen zu lassen wie bisher – sie will es sich nur leichtmachen und das Verhältnis mit dem anderen sogar mit Ihrer Zustimmung fortsetzen. Sollten Sie allerdings aufgrund des Seitensprungs Ihrer Frau keine Eifersucht empfinden, ist Ihre Ehe bereits total kaputt.

Ehebruch – der Tod einer Partnerschaft?

Aber: Kann ein Seitensprung eine in alltäglicher Routine erstarrte Ehe wiederbeleben? Über diese Frage streiten sich die Psychologen seit Jahren, konnten sich aber bisher nicht auf ein Ergebnis einigen.

Da gibt es jene Minderheit, die fest daran glaubt, daß nur ein Seitensprung eine Ehe noch retten kann. Andere wiederum behaupten, man soll das oft zitierte »verflixte siebte Jahr« ruhig ernst nehmen. Die meisten Ehen, so sei nachzuweisen, würden während dieser relativ kurzen Zeitspanne geschieden. Ein Grund sei: Die Männer fühlten sich unverstanden oder vernachlässigt, sowie ein Kind da sei. Viele der jungen Mütter kümmerten sich mehr um das Neugeborene als um den »leidenden Vater«. Hier, so sagen die Psychologen, liege die erste Versuchung zum Seitensprung. Aber auch jene Männer, die einfach zu jung geheiratet haben, lassen sich gern von anderen Frauen trösten. Das Gefühl, in der Jugend etwas versäumt zu haben, läßt sie auf die tollsten Ideen kommen. Das gleiche gilt hier natürlich auch für die Ehefrau.

Einen großen Raum nimmt das ewig junge Thema der »Geliebten« ein. Schon vor über vierzig Jahren hat der berühmte Sexualforscher ALFRED CHARLES KINSEY festgestellt, daß zum Beispiel der Mann im Bett der Geliebten zärtlicher ist als im ehelichen Schlafgemach. Hinzu kommt die Tatsache, daß der Mann der Geliebten gegenüber weniger Hemmungen zeigt, seine sexuellen Wünsche zu äußern.

Erwächst aus einem Seitensprung allerdings eine ernsthafte Liebe, dann sollte es der oder die Verliebte dem Ehepartner so schonend wie eben möglich beibringen. In diesem Fall ist eine Scheidung das Beste für alle Beteiligten.

Da ein Seitensprung natürlich vielerlei Ursachen haben kann, ist es durchaus möglich, daß ein einmaliges Fremdgehen eine verkrustete Ehe lebendiger machen kann. Dennoch werden weit über fünfzig Prozent aller Ehen aufgrund nachgewiesener Untreue geschieden. Der »außereheliche Verkehr«, wie es in der Amtsstubensprache heißt, muß aber nicht bedeuten, daß es in einer Ehe kriselt. Ein klärendes, sachliches Gespräch der Ehepartner – wobei jede Schreierei tunlichst zu vermeiden ist – kann dazu beitragen, daß die Partner selbst herausfinden, warum ihre Ehe nicht die beste ist.

Wie soll nun eine Frau reagieren, wenn sie dahinterkommt, daß sie von ihrem Mann betrogen wird? Tagtäglich wird dies für Hunderte von Frauen durch irgendeinen Zufall zur Gewißheit: etwa durch einen Brief in der Tasche des Jacketts, das zur Reinigung muß, durch ein fremdes Taschentuch im Handschuhfach des Autos oder durch den Tratsch guter Freunde. Also, was tun? All das, was naheliegt – die große Szene, die tränenreichen Vorwürfe, die spontane Flucht aus der Wohnung zurück zur Mutter –, all das ist nach Erfahrungen von Eheberatern grundsätzlich falsch. Weil in neunundneunzig von hundert

Fällen der Mann, dessen Untreue entdeckt wurde, ein schlechtes Gewissen hat. Und ein schlechtes Gewissen will, wie der Schweizer Eheberater Dr. THEODOR BOVET erkannt hat, nicht getreten, sondern gestreichelt werden. Daher hat jene Frau, die wegen eines Seitensprungs tobt und schreit, alle Aussichten, ihren Mann erst recht in die zärtlichen Arme der Rivalin zu treiben.

Dr. FRITZ KAHN, Altmeister der Eheberater, hat eine Reihe von Verhaltensmaßregeln für betrogene Ehefrauen zusammengestellt:

1. Eine betrogene Ehefrau sollte alles unterlassen, was dem Mann das Nachhausekommen verleidet oder überhaupt seine Ehefreudigkeit mindert.
2. Sie sollte sich nicht anmerken lassen, daß sie seinen Seitensprung entdeckt hat.
3. Sie sollte nicht anklagen, sondern sich fragen, wieweit sie vielleicht selbst schuldig, zumindest mitschuldig an seiner Untreue ist.

Was diese Regeln verlangen, ist vielleicht ein bißchen viel angesichts der Enttäuschung und Verzweiflung, die jede Ehefrau empfindet, wenn sie ihren Mann auf Abwegen ertappt. Andererseits hatte derselbe Mann, wie fast alle Männer, beim »Ja« in Kirche und Standesamt den ehrlichen Vorsatz, seiner Frau stets ein liebender und treusorgender Ehemann zu sein. Weicht er von diesem Weg ab, dann wohl nie ohne Grund.

Dr. Kahn empfiehlt den betrogenen Ehefrauen, sie sollten die polygame (griechisch: vielehige, im Gegensatz zu monogam: einehig) Veranlagung des Mannes berücksichtigen – was kein Freibrief für liederliche Männer sei, sondern eine Tatsache. Weil eben alle Männer polygam seien, manche mehr, andere weniger.

»Männer«, schreibt Dr. Kahn, »in denen der polygame Trieb schwach ist, sind treue Fridoline. Solche mit stark polygamem Trieb sind untreu. CÄSAR, NAPOLEON, RICHARD WAGNER, GOETHE, HEINE, PUSCHKIN, VICTOR HUGO waren und lebten polygam. Polygamie hat aber nichts mit Moral zu tun. Ein polygamer Mann kann ein ausgezeichneter Gatte sein, während die Treue eines Mannes nicht voraussetzt, daß er ein guter Gatte ist.«

Nicht immer hat nur einer die Schuld

Nach Ansicht des Nestors der Eheberater sollte eine junge Frau vor der Hochzeit wissen, was ihr in der Ehe bevorsteht, wenn sie einem bestimmten Typus ihr Jawort gibt: »Heiratet sie einen Mann von liberalem Charakter, einen Romantiker, einen unruhigen Sucher, einen Charmeur, der schöne Briefe schreibt und Blumen nach Hause bringt, so muß sie darauf gefaßt sein, daß sie so, wie sie sich an ihm freut, auch durch ihn leiden wird. Sie muß sich nicht wundern, wenn sie in seiner Tasche den Liebesbrief einer Frau findet, die von ihm ebenso bezaubert wurde wie sie. Hat sie nicht eine ganze Schatulle voll schöner Briefe von ihm, mit roten Bändchen? Untreue, gelegentliche und (wenn die Ehe gut verläuft) vorübergehende Untreue ist der Preis, den sie zahlen muß, daß sie so einen Mann gewählt hat.«

Schwieriger ist da schon eine andere Art der Untreue, die der Schweizer Nervenarzt und spätere Eheberater Dr. Theodor Bovet solchermaßen beschreibt:

»Es gibt kolossal anständige Dinge, die uns wichtiger sein können als der Ehegatte, und dann sind wir ihm eben mit diesen Dingen untreu. Die Untreue mit einem dritten Menschen ist nur ein Spezialfall, der gewöhnlich nicht am Anfang eintritt, sondern erst, nachdem man lange Zeit mit anderen Dingen untreu gewesen ist.

Ein Lehrer oder Arzt, der seine ganze Leidenschaft in seinen Beruf legt, kann zuletzt seiner Frau auch noch mit einer Schülerin oder Patientin untreu werden, aber er war es schon lange vorher mit dem Beruf.

Ein Unternehmer, dessen ganzes Herz am Geschäft hängt, kann es auch noch an die Sekretärin hängen, die so innig dazugehört. In beiden Fällen ist die erotische Untreue nur das letzte Glied in einer Kette.«

Aber auch in diesen Fällen, so Dr. Bovet, ist noch nichts verloren: »Solange die Ehe bejaht wird, solange der untreue Ehegatte ein schlechtes Gewissen hat, solange er seinen Ehepartner selbstverständlich dem Dritten vorzieht und ihn unter keinen Umständen verlieren möchte, ist alles zu retten.«

Die »unschuldige«, betrogene Ehefrau müsse vor allem erkennen, daß sie in irgendeiner Form mitschuldig ist – sei es, daß sie ihren Mann über anderen Interessen (Kinder?) vernachlässigt, sei es, daß sie sich selbst vernachlässigt hat. Das entschuldigt freilich den untreuen Ehemann nicht, aber es schafft eine Gemeinschaft der Schuld, die für einen Wiederaufbau der Ehe wichtig ist.

Nicht selten sei es aber so, daß eine betrogene Frau nicht mit dem eigenen Mann spricht, sondern lieber dessen Geliebter eine Szene machen will. Die meisten Eheberater halten das jedoch für einen Fehler, weil dadurch der Beschützerinstinkt des Mannes auch noch auf die beschimpfte Freundin gelenkt und die außereheliche Bindung eher gefestigt werde. Anders sei es jedoch, wenn die betrogene Ehefrau ihre Nebenbuhlerin kennenlernen will, um zu ergründen, warum sich ihr Mann für die andere begeistert: »Hat sie etwas, das ich ihm nicht bieten kann?« Dies sei eine durchaus vernünftige Frage, die das Erkennen eigener Fehler sehr erleichtern könne.

Warum neuerdings immer mehr Frauen fremdgehen

Aber es sind ja nicht nur Männer, die zuweilen zur Seite hüpfen. Wissenschaftler haben ermittelt, daß mindestens zwanzig Prozent der Ehefrauen einen festen Liebhaber haben, der sie aufsucht, wenn der Ehemann arbeitet. »Nur« drei Prozent betrügen den Ehemann mit dem besten Freund, und fünf bis sieben Prozent haben lesbische Beziehungen zur Freundin oder Nachbarin.

Fehlern und Schwächen, die man bei einem Liebhaber »liebenswert«, bei einem Ehemann aber »unerträglich« findet.

Die Gründe für den Ehebruch der Frau sind – moralisch gesehen – zweitrangig: Ob aus Rache oder aus gekränkter Eitelkeit, aus Sehnsucht nach Zärtlichkeit oder einfach aus purer Verzweiflung – ein Seitensprung ist in fast allen Fällen eine Frage des Charakters. Eine Frau, die Persönlichkeit, Instinkt und eine gewisse Portion Erfahrung besitzt, wird mit den Problemen des Lebens zu zweit besser fertig werden als diejenige, die haltlos, unausgeglichen und daher moralisch gefährdet ist. Wenn die »Frau mit Charakter« allerdings untreu wird, ist sie sehr, sehr wählerisch – schließlich will sie einen zweiten Reinfall unbedingt vermeiden.

Trotzdem ist es ungerecht, daß ein Mann mit »häufig wechselndem Geschlechtsverkehr« auch heute noch als »toller Hecht« gilt, während eine Frau mit ähnlichen sexuellen Wünschen grundsätzlich als »Flittchen« abgestempelt wird. Andererseits hat diese Diktatur der öffentlichen Meinung auch ihre guten Seiten: Eheberater, Psychologen und Juristen sind sich einig, daß viele Ehefrauen ihren Männern nur deshalb treu bleiben, weil sie Angst vor einem gesellschaftlichen Skandal haben. Kein Mensch fragt später danach, warum diese Ehe gehalten hat oder sogar glücklich geworden ist – am wenigsten die betroffenen Ehemänner!

Der »geistige« Ehebruch ist am gefährlichsten!

Noch schlimmer als der »normale« Seitensprung – gleichgültig, ob er von Mann oder Frau verübt wird – ist eine besondere Variante des Ehebruchs: das »Fremdgehen im Geiste«!

Was sich heute auf den bürgerlichen Partys abspielt, bleibt selten ohne intime Folgen. Die brave Kulisse aus Würstchen vom Grill, Salzstangen und Bowle täuscht darüber hinweg, daß es zwischen den Partyteilnehmern nicht selten zu geheimen »Beziehungen« kommt, selbst wenn dem Augenschein nach nicht mehr geschieht als ein wenig Schmusen beim Tanzen. Die Rede ist von den »Phantasien im Ehebett«, die nach der Party ihr Unwesen treiben.

Damit ist das allgemein übliche und als harmlos angesehene »Appetitholen« im Freundeskreis gemeint: Frau Müller tanzt engumschlungen mit Herrn Lehmann. Beide sind verheiratet. Gleichwohl finden sie einander einfach hinreißend. Herrn Lehmanns Knie verursacht bei Frau Müller wonnevolle Sehnsüchte. Frau Müllers strammer Busen läßt Herrn Lehmann schwer atmen. Aber es kommt zu nicht mehr als nur ein paar Hochspannungsblicken. Denn »Appetit holen« darf man sich auf der Party, aber »gegessen wird zu Hause«.

Was sich dann beim »Essen zu Hause« abspielt, entbehrt nicht der Komik. Frau Müller nämlich, die sich nach der Party den legitimen Lüsten des ihr angetrauten Herrn Müller hingibt, ist im Geiste mit dem hinreißenden Herrn Lehmann vereint. Dieser wiederum widmet sich mit seltener Leidenschaft seiner Frau, doch mißbraucht er dieselbe eigentlich nur als Ersatz für Frau Müller, weil er mit der lieber intim geworden wäre.

Das »Fremdgehen im Geiste« ist inzwischen zu einer Art Volkssport geworden. »Leider!« sagen viele Fachleute auf dem Gebiet der Liebe und Ehe. Weil sie diese eingebildeten Seitensprünge für gefährlicher als das eigentliche Fremdgehen halten.

In einer Studie über »Phantasien im Ehebett« beschreibt Dr. JOHN R. OMAN, ein bekannter Eheberatungsexperte aus Wesley (USA), den Fall einer Ehefrau, die nach der Geburt eines Kindes ihrer Freundin lachend anvertraute: »Eigentlich müßte das Baby Dr. X ähnlich sehen!« Damit wollte die junge Mutter jedoch keineswegs andeuten, sie hätte das Kind von Dr. X empfangen. Vielmehr hatte sie sich schon vor längerer Zeit in Dr. X verliebt und begehrte ihn so sehr, daß sie beim zärtlichen Zusammensein mit ihrem Ehemann stets an diesen faszinierenden Mann dachte.

Dr. Oman ist der Ansicht, der »geistige Ehebruch« habe auf Dauer immer üble Folgen und ruiniere Ehen noch mehr als ein außereheliches Verhältnis. Weil es eine Grenzlinie zwischen harmlosen Phantasien und einem Zustand gebe, wo sich die betreffende Person nicht mehr des Unterschiedes zwischen Phantasie und Wirklichkeit bewußt sei.

Wird nun diese »Grenzlinie« überschritten, stellt beispielsweise jene Frau, die heimlich den Dr. X begehrt, nach einiger Zeit fest, daß es ihr nicht mehr gelingt, beim intimen Zusammensein ihren Ehemann geistig in Dr. X zu verwandeln, bleibt sie unbefriedigt. Dann wird sie entweder versuchen, endlich in Wirklichkeit mit Dr. X ein Liebesfest zu feiern. Oder sie wendet sich einem anderen Mann zu, den sie als »Ersatz« für Dr. X mißbrauchen kann, und bei dem der geistige Betrug noch gelingt.

Das »Appetitholen« ist also durchaus nicht so harmlos, wie immer behauptet wird. Auch der deutsche Eheberater RÜDIGER BOSCHMANN warnt davor:

»Ein Seitensprung hat meist weniger schwerwiegende Folgen für die Ehe als der ständige geistige Betrug im Ehebett. Beim Seitensprung entladen sich zwischen den Partnern angestaute Spannungen, Erregung und Neugier auf natürliche Weise. Der geistige Betrug dagegen führt zu immer größerer Entfremdung vom Ehepartner, weil es nie einen natürlichen Abschluß gibt.«

Ein sechsunddreißigjähriger Mann, der seine Frau monatelang geistig betrogen hatte, fand schließlich zufällig die Gelegenheit, sich doch noch mit der Frau zu vereinen, die er heimlich begehrte. Seinem Eheberater erklärte er anschließend:

»Es war die größte Enttäuschung meines Lebens. Immer habe ich mir ausgemalt, wie toll es mit dieser Frau sein müßte. Doch als ich sie endlich hatte, benahm sie sich wie eine dumme Gans!«

Das angeblich so harmlose »Appetitholen« kann sogar zur Perversion führen. Professor Dr. Dr. HANS GIESE meinte, in solchen Fällen erlange der Phantasiepartner die Bedeutung einer »Hilfsstütze«, die aber nicht ausreiche, volle Befriedigung zu erlangen. Darum käme es zu immer neuen Wiederholungen des Phantasieinhalts.

Dieses stete Wiederholen bestimmter sexueller Handlungen ohne endliche Befriedigung ist aber ein typisches Kennzeichen von erkennbar »kranken« Perversionen. Der Perverse ist nicht pervers, weil ihm das soviel Spaß bringt, sondern er ist auf der Jagd nach einer Befriedigung, die sich ihm immer mehr entzieht. Schließlich bekommt sein Verhalten den »Charakter des Zwanghaften«, »Nicht-mehr-Wandelbaren«, des »Eingebaut-starr-Automatischen«, wie es Professor BÜRGER-PRINZ beschrieben hat.

Und wie ist es mit den sogenannten »toleranten Ehen«, wo ein Partner vom außerehelichen Treiben des anderen weiß – nach dem Motto: »Ich liebe dich – und zwischendurch noch ein paar andere ...«?

»Wenn ich andauernd auf Reisen bin, kann keiner von mir verlangen, daß ich wie ein Mönch lebe«, erklärt der Handelsvertreter Horst G. Und seine Frau Erika ergänzt ihn verständnisvoll: »Ich bin schließlich auch keine Nonne!«

Das Ehepaar G., seit zehn Jahren verheiratet, zwei Kinder, übt statt ehelicher Treue eheliche Toleranz. Schriftlich brauchen sie sich das Einverständnis zum Seitensprung des Partners nicht mehr zu geben. Und übrigens: Ein Ehebruch ist schon lange kein Scheidungsgrund mehr. So einfach ist es mit der ehelichen Treue heute geworden. Weil die Toleranzabmachung, die das Fremdgehen des Partners billigt, kein richtiger Vertrag ist. Darum muß sie auch nicht von einem Anwalt aufgesetzt werden.

Aber sind solche Agreements nicht sittenwidrig? Das mag schon sein. Jedoch ist eine Toleranzabmachung auch dann wirksam, wenn sie für unmoralisch gehalten wird. Problematisch wird die Sache erst dann, wenn mit der Übereinkunft gewisse Bedingungen verknüpft werden, die sittenwidrig und vor Gericht nicht erzwingbar sind.

So kann es vorkommen, daß sich eine Ehefrau von ihrem Mann schriftlich versprechen läßt: Bei jedem Seitensprung meinerseits bekommst du einen neuen Pelzmantel oder ein teures Schmuckstück. Hält der Ehemann dieses schriftliche Versprechen nicht ein, so ist die Frau doppelt hereingelegt: Sie kann die Erfüllung der Zusage auf dem Rechtsweg nicht erzwingen, sich aber auch nicht mehr wie früher wegen des »Treuebruchs«

scheiden lassen. Außerdem hatte sie ja ihr Einverständnis zum Seitensprung im voraus gegeben.

Restlose Offenheit kann nur schaden!

Wer sind nun hauptsächlich die Leute, die sich dem Ehepartner gegenüber so tolerant geben?

Freizügige Ehen dieser Art sind im Showgeschäft und in High-society-Kreisen – vor allem bei intellektuellen Freiberuflern – weiter verbreitet als im Durchschnittsbürgertum. Meistens sind es die Ehemänner zwischen vierzig und fünfzig, die plötzlich die große Toleranz entdecken und meinen, sich nun ein paar Seitensprünge leisten zu können. Früher konnte sich eine Frau einfach scheiden lassen; er wurde »schuldig« gesprochen. Das ist heute nicht mehr möglich. Aber sie kann sich von ihrem Mann trennen. Ob sie's wirklich tut, steht auf einem anderen Blatt; meist gibt sie aus finanziellen Gründen doch nach.

Nach Ansicht von Juristen hat die vielzitierte Sexwelle bei vielen Männern allzu befruchtend gewirkt. Besonders die Männer über vierzig hätten plötzlich einen ungeheuren Nachholbedarf. Und daraus entstünden oftmals echte Probleme. Schon manche Ehefrau habe »diese verdammte Sexwelle« verflucht.

Meist sind es solche Männer, die sich von ihren Frauen die Erlaubnis zum Seitensprung geben lassen. Und so argumentieren sie: Schließlich habe doch jeder das Recht, auch außerhalb der gemeinsamen Partnerschaft seinen Spaß zu haben. Das kräftige den Ehebund. Doch bei solch einer Begründung läßt sich der Verdacht nicht ausschließen, daß hier nach einer Legitimation für Heimlichkeiten gesucht wird. Das Mißbehagen, den Partner zu betrügen, soll dadurch aus der Welt geschaffen werden, indem man der Ehefrau erklärt, dieser Spaß stünde dem Mann nun einmal zu.

Es ist ein fundamentaler Irrtum zu glauben, daß sich auf diese Weise bereits vorher vorhandene Probleme durch zusätzliche sexuelle Beziehungen aus der Welt schaffen ließen. Im

Gegenteil: Sie weiten sich im allgemeinen durch eine solche Offenheit zu dramatischen, oft unerträglichen Zerreißproben oder gar Tragödien aus.

Aber wie offen soll man in der Ehe zueinander sein? Auf den ersten Blick läßt sich die Frage sehr schnell beantworten: Zwei Menschen, die miteinander durchs Leben gehen, müssen und sollen einander die Wahrheit sagen. Aber vielleicht ist es doch besser, zuweilen die restlose Offenheit zu unterlassen. Zwar kann man vom Partner die Wahrheit über dessen Vergangenheit verlangen, und es ist selbstverständlich, daß er berichtet, wie er gelebt hat, welche Begegnungen er hatte, welche Eindrücke. Es ist aber nicht selbstverständlich (und nicht immer taktvoll), wenn er jede Einzelheit erzählt, weil damit zuweilen Geheimnisse verletzt werden, die man anderen schuldet. Man sollte also im wesentlichen zueinander offen sein – nicht so sehr im Tatsächlichen.

Aber auch das ist nicht ganz einfach. Geständnisse – besonders jene von Frauen – richten im seelischen Gleichgewicht des Mannes sehr häufig nur schreckliche Verheerungen an, weil die Männer im allgemeinen sich und die Frauen mit verschiedenen Maßstäben messen. Anfangs wird er – weil er die Frau liebt – ihr »verzeihen«. Doch später zeigt es sich nur zu oft, daß besonders die Männer das Vergangene nicht vergessen können. Sie lassen es immer wieder aufleben, werfen es der Partnerin bei jeder sich bietenden Gelegenheit vor und zerschleißen, zerreiben, zerschneiden damit die bis dahin harmonische Beziehung.

Also lieber schweigen? Keinesfalls. Aber die Wahrheit sollte vorsichtig, therapeutisch richtig angewandt werden. Die Frau muß außerdem vom Mann verlangen dürfen, daß er jene Erlebnisse, die sie hatte, akzeptiert, da er seine Frau ja liebt, so wie sie geworden ist. Aber ist es dann unbedingt notwendig, zu wissen, wie »ihre« erste bis dritte, »seine« erste bis vierzehnte Liebe beschaffen war? Nicht der Mann, auch die Frau ist häufig nicht reif für diese Offenheit. Daher sollte man – anstatt sofort alles zu beichten – lieber die Zeit vergehen lassen. Schweigen, bis alles vorbei ist und wir reif und ruhig geworden sind.

Vielleicht entdecken wir dann, daß wir unseren Partner doch nicht so völlig gekannt haben, wie wir glaubten. Das muß nicht immer eine Enttäuschung sein, es kann statt dessen Ihrer Partnerschaft einen neuen Auftrieb geben.

4

Scheidung muß nicht sein!

Erste Hilfe für Ehepannen

Trotzdem wird es immer wieder zu seelischen Wunden, Verrenkungen und Prellungen in der Partnerschaft kommen – was völlig normal ist. Doch heißt es aufpassen, wenn die Ehe zu kränkeln beginnt, weil sich aus vergleichsweise harmlosen Symptomen rasch eine schwere Krankheit entwickeln kann, die hin bis zur Agonie führt.

In den meisten Wohnungen gibt es eine Hausapotheke mit einer Ausrüstung für Erste Hilfe bei kleineren Unfällen oder leichteren Krankheiten. Könnte man nicht auch Medikamente für eine psychologische Erste Hilfe bereithalten, um seelische Schürfwunden und Beulen zu behandeln, die sich unweigerlich einstellen, wenn zwei Persönlichkeiten ihre Leben zu einem verschmelzen? Denn meist sind es ja nur Kleinigkeiten, mit denen die Zerstörung einer Ehe beginnt, und da hilft schon ein kleines Heftpflaster. Werden die harmlosen Wunden aber nicht beachtet und vernachlässigt, können daraus Geschwüre werden, bei denen auch keine Operation mehr hilft.

Was müßte nun so eine Hausapotheke zur Behandlung von kleinen Ehepannen enthalten? Mit folgenden drei Heilmitteln können eheliche Reibereien meist schnell kuriert werden:

- *Versetzen Sie sich an die Stelle Ihres Partners.*
  Dazu ist schon etwas Phantasie vonnöten, daher sollten Sie diesen Schritt am besten versuchen, wenn Sie allein sind – zum Beispiel bei der Heimfahrt von der Arbeit oder beim Bügeln. Dabei sollten Sie einmal überlegen, mit welchen Mitteln Sie die zahlreichen Ärgernisse des Alltags verringern können. Meistens ist nur eine unerwartete nette Geste notwendig – ein kleines Geschenk, ein lobendes Wort, eine liebevolle Berührung.

- *Versuchen Sie, kompromißbereit zu sein.*
  Wer Kompromisse schließen kann, zeigt, daß er fähig ist, jede Frage von zwei Seiten betrachten zu können. Falls es in Ihrer Ehe immer wieder zu Reibereien kommt, dann

verabreden Sie mit Ihrem Partner, all Ihre beiderseitigen Beschwerden aufzuschreiben. Anschließend wählen Sie aus jeder Liste einen Punkt aus und schließen einen Vertrag: Er wird die Kinder nicht pausenlos anschnauzen, sie läßt nicht jeden Morgen die Zahnpastatube offen liegen. Haben Sie diesen Vertrag eine Woche durchgehalten, nehmen Sie sich den nächsten Punkt vor.

- *Zeigen Sie Ihre Zuneigung und Wertschätzung.*
  Keine Methode kann die scharfen Kanten des Ehelebens besser abrunden. Jeder Mensch will gelobt werden, und wenn ihm dies zuteil wird, bemüht er sich, dessen würdig zu sein. Weil das Bestreben, das zu werden, wofür uns andere halten, eine der verborgensten und zugleich stärksten Kräfte der menschlichen Natur ist. Darum hungern wir alle nach Zuneigung, die nichts anderes ist als die Anerkennung unserer besten Seiten durch unsere Mitmenschen.

Diese drei »Medikamente« sind die wichtigsten Heilmittel gegen Ehepannen. Und damit diese gar nicht oder höchst selten auftreten, empfehlen sich folgende drei »Pillen«, die täglich »einzunehmen« sind:

- *Versuchen Sie, möglichst viel zusammenzuarbeiten.*
  Arbeit ist eine der stärksten Heilkräfte, die die Menschheit kennt, aber viele Ehepaare scheinen das nicht zu wissen. Ja – der Mann arbeitet in seinem Beruf, während die Frau Kinder und Haushalt zu versorgen hat, aber nur selten finden sie zu einem gemeinsamen Werk zusammen. Dabei kann eine gemeinsam getane Arbeit herrlich befriedigend sein. Weil sie Kummer und Langeweile vertreibt und die Gedanken vom eigenen Ich ablenkt.

  Es gibt vieles, das man zu zweit machen kann: im Garten arbeiten, das Auto waschen, ein Zimmer tapezieren – eben alles, was gemeinsame Anstrengung und Leistung mit sich bringt. Dieses Bindemittel hält eine Ehe zusammen.

- *Vergnügen Sie sich zusammen.*
  Es ist ein merkwürdiges Verhalten vieler Menschen, daß sie ein schlechtes Gewissen haben, wenn sie sich amüsieren – ja, sie finden sogar alle möglichen Vorwände, um sich nur nicht vergnügen zu dürfen. »Geh lieber allein, ich muß auf die Kinder aufpassen«, redet sich die Frau heraus, wenn der Mann vorschlägt, mit Freunden zum Kegeln zu gehen. »Ich muß die Abrechnung fürs Finanzamt machen«, brummt der Mann, wenn die Frau ihn zu einem gemeinsamen Spaziergang überreden möchte. So bringen sich beide Partner um das gemeinsam erlebte Vergnügen – durch das jedes Eheglück erhöht wird.

- *Schlafen Sie zusammen.*
  Hiermit ist nicht allein die sexuelle Vereinigung gemeint. Die körperliche Nähe hat auch ohne das intime Beisammensein eine eigentümliche Heilkraft. Wer im Dunkeln den anderen zärtlich berührt, kann schon allein auf diese Weise einen Streit beilegen, sich entschuldigen, einen Fehler wiedergutmachen. Daher sollte auch bei getrennten Schlafzimmern die Hausapotheke stets so groß sein, daß ein Doppelbett darin Platz findet.

Wie sieht es in Ihrer Ehe aus?

Funken Sie mit Ihrem Partner noch auf der gleichen Welle? Oder herrscht bei Ihnen totale Funkstille? Die Beantwortung der folgenden zehn Fragen verrät Ihnen, wie es um Ihre Partnerschaft bestellt ist:

1. Sind Sie nur noch zusammen, weil Sie Ihren Partner nicht »sitzenlassen« wollen, er Ihnen also leid tut?
2. Finden Sie zuweilen die Freunde, Hobbys, die Arbeit Ihres Partners »blöd«, »langweilig« oder »spießig«?
3. Kommt es bei Ihnen vor, daß sich Ihr Partner nicht für Ihre Sorgen oder Freuden interessiert? Läßt ihn alles kalt,

was Sie bewegt, blättert er nur gelangweilt in der Zeitung und sagt: »Nun erzähl schon, aber mach's bitte kurz«?

4. Haben Sie sich in letzter Zeit mit Ihrem Partner über seine Wünsche, Meinungen und Ansichten unterhalten? Und wie haben Sie reagiert? Gekränkt oder aggressiv?
5. Haben Sie vor Ihrem Partner Heimlichkeiten und sagen ihm Sätze wie: »Das geht dich nichts an!« oder: »Halt' dich da raus, das ist meine Sache«?
6. Setzen Sie manchmal Bemerkungen und Angewohnheiten ein, die der Partner nicht mag, um ihm eins auszuwischen? Denken Sie sich manchmal irgendwelche Gemeinheiten aus, um sich an ihm zu rächen?
7. Falls Ihr Partner mal von Ihnen Hilfe erwartet – weichen Sie ihm dann mit der Bemerkung: »Das ist doch deine Sache!« oder: »Laß mich mit deinen Problemen in Ruhe, ich habe genug andere Sorgen!« aus?
8. Falls Sie Streit hatten und Sie anschließend versuchen, eine Brücke zu bauen: Kommt Ihnen Ihr Partner entgegen oder »nimmt« er nur noch? Und wie sieht es bei Ihnen aus: Können Sie überhaupt noch »geben«?
9. Ist es Ihnen schon einmal passiert, daß Ihr Partner mit Ihnen über Ihre eingefahrene Beziehung reden wollte? Wenn ja: Wie haben Sie da reagiert? Sagten Sie: »Du spinnst«? Oder gar: »Willst du etwa Streit«?
10. Schauspielern Sie sich nur noch Ihre Zuneigung vor?

Sollten Sie höchstens zwei Fragen mit »ja« beantwortet haben, sind Sie zu beglückwünschen, denn Sie haben wohl den richtigen Partner fürs Leben gefunden.

Haben Sie bei drei bis fünf Fragen genickt, so fühlen Sie sich zuweilen von Ihrem Partner vernachlässigt und unverstanden. Daher empfiehlt es sich, daß Sie mit ihm über Ihre Probleme reden, und bald wird wieder alles im Lot sein.

»Ja« bei sechs bis zehn Fragen: Ihre Partnerschaft ist stark gefährdet, und es wird für Sie beide schwierig sein, Ihre Beziehung wieder in die rechten Bahnen zu lenken. Am besten, Sie wenden sich an eine Eheberatungsstelle.

Kann Beratung eine Ehe retten?

Über dreißigtausend Ehepaare suchen pro Jahr Hilfe bei Eheberatern, doch die meisten von ihnen haben im Grunde genommen vorher keine Vorstellung, was eine Eheberatung eigentlich ist. Und Tausende anderer Paare laufen lieber gleich zum Anwalt, statt sich erst einmal darüber klarzuwerden, ob ihre Ehe wirklich zerrüttet ist. Eine Eheberatung kann da sehr nützlich sein. Viele glauben, daß solch eine Institution allein dazu da ist, brüchige Ehen zu kitten, indem sie gute Ratschläge erteilt. Daher wird ein Eheberater immer wieder gefragt: »Was soll ich nur tun?« Doch im Gegensatz zum Arzt verschreibt er keine Heilmittel, er wird auch nicht als Interessenvertreter des einen gegen den anderen Ehepartner auftreten, sondern aufzeigen, wieviel jeder Teil zur Krise beigetragen hat.

Hier ein Beispiel, wie ein Eheberater vorgeht. Eines Tages erscheint bei ihm das Ehepaar Müller, und die Frau beklagt sich: »Mein Mann ist immer weg. Mal beim Stammtisch, dann beim Kegeln, ich bin ihm völlig gleichgültig!«

»Und warum wird er wohl die Gesellschaft anderer Leute suchen?« lautet die provokative Gegenfrage des Eheberaters. »Kritisieren Sie ihn vielleicht häufig?«

Frau Müller senkt den Kopf. »Na ja«, meint sie schließlich. »Wenn mir an seinem Verhalten etwas nicht paßt, dann sage ich es ihm natürlich!«

Nun wendet sich der Eheberater an Herrn Müller: »Warum verbringen Sie Ihre Freizeit lieber außer Haus?«

Sein Gegenüber zuckt mit den Achseln. »Warum wohl? Erstens geht mir meine Frau mit ihrer ewigen Meckerei auf die Nerven, zweitens hat sie ja die Kinder – und drittens: Soll ich sie etwa in einer Tour anhimmeln?«

Nein, das soll er nicht. »Aber Ihre Frau hat ein großes Bedürfnis nach Gemeinsamkeit«, gibt der Berater zu bedenken und bittet die Eheleute Müller, ihre Haltung zu überprüfen.

Das war der erste Schritt. Und als sie sich einsichtig zeigten, konnte der Eheberater mit ihnen über ihre Motive sprechen und sie dazu bringen, ihr Verhalten zu ändern.

Ein Eheberater wird die Ratsuchenden immer durch geschickte Fragen veranlassen, sich über ihre eigenen Gedanken und Gefühle klarzuwerden. Auf diese Weise nimmt er ihnen das Selbstmitleid oder ihre Verzweiflung und zeigt ihnen auf, was in ihrer Ehe geschieht, und warum es so gekommen ist.

Die Eheberatung wird meist nur von einem Partner aufgesucht – hauptsächlich von Frauen. Nicht selten gesellen sich später die betreffenden Ehemänner dazu. Aber eine Beratung kann auch nützlich sein, falls nur die Frau oder der Mann kommt, denn wenn ein Partner plötzlich sein Verhalten ändert, kann sich das auf den anderen positiv auswirken.

Aber »Erfolg« bedeutet nicht immer, daß sich die Partner versöhnen und eine Ehe gerettet wird. Die Eheberater betrachten ihre Aufgabe auch dann als gelöst, wenn ein Paar zur Überzeugung gekommen ist, daß es sich trennen sollte. Dann aber geht die Scheidung ohne großen Krieg und Krach über die Bühne, man »arrangiert« sich.

Eheberatungsstellen, die über Stadt- oder Kreisverwaltungen, Kirchen oder freie Wohlfahrtsverbände zu erreichen sind, gibt es in jeder größeren Stadt. Adressen der regionalen Beratungsstellen sind gegen Rückporto bei Pro Familia, Cronstettenstraße 30, D-6000 Frankfurt 1, zu erhalten. In Österreich hilft der Österreichische Familienbund, Mariahilfer Straße 24/III/12, A-1070 Wien.

So läßt sich eine Scheidung verhindern

Viele Paare verzichten aber lieber auf die Eheberatung, gehen zum Anwalt – und wenn es dann zur Scheidung gekommen ist, gibt's nicht selten hinterher den großen Katzenjammer. Man bereut die Trennung von Tisch und Bett, möchte die Scheidung lieber heute als morgen rückgängig machen. »Hätte ich mich nur bemüht, meine Probleme zu lösen, anstatt einen Ausweg in der Scheidung zu suchen«, heißt es dann.

Kann man solche »Scheidungen aus Versehen« vermeiden? Ja – wenn man nicht in fünf typische Scheidungsfallen stolpert:

- *Lassen Sie es nicht zum Scheidungsdialog kommen!*
  »Wenn du das noch einmal tust, gehe ich zum Anwalt!« Vielleicht hatte eine solche Drohung früher Erfolg, doch heute kann es durchaus sein, daß der Partner nickt: »Na, dann laß dich nicht aufhalten!« Es ist also sehr gefährlich, dauernd von Scheidung zu reden, wenn man nicht wirklich dazu entschlossen ist.

  So ein Scheidungsdialog ist tödlich, weil die Ehe auch auf Träumen, Erinnerungen und Erwartungen aufgebaut ist. Droht ein Partner dem anderen, dann ist das unbefangene Vertrauen für immer erschüttert; ein Tabu ist gebrochen. Der Schock kann so tief gehen, daß er beim Betroffenen Verbitterung und Rachegefühle hinterläßt. Nur sehr wenige Ehen überstehen einen monatelangen Scheidungsdialog.

- *Stolpern Sie nicht in eine Scheidung!*
  Unzufriedenheit im Beruf, falsche Vorstellungen vom Leben und andere Frustrationen können schnell dazu führen, daß man sich vom Partner »eingeengt« fühlt, was manchmal darin gipfelt, einzig und allein die Scheidung als Ausweg aus allem Übel anzusehen. Doch eine Trennung löst nicht jene Probleme, die mit der Ehe nicht unmittelbar zusammenhängen. Partner, die auseinandergehen, weil sie beruflich unzufrieden sind, Angst vor dem Alter haben oder sich selbst in Frage stellen, müssen häufig erkennen, daß nicht nur die Probleme weiterbestehen, sondern daß sie nun auch den einzigen Menschen verloren haben, der ihnen eine echte Hilfe hätte sein können.

- *Schlittern Sie nicht in eine Scheidung!*
  Einer geschiedenen Frau haftet zwar heute kein Makel mehr an, und die Trennung von ihrem Ehemann schadet selten weder beruflichem noch sozialem Fortkommen. Auch die finanziellen Belange lassen sich meist relativ leicht regeln. Doch all dies kann auch bewirken, daß man leichter in die Scheidung hineinschlittert.

  Es gibt immer wieder Ehefrauen, die sich langweilen und

nutzlos fühlen. Die Kinder sind aus dem Haus, und so glauben sie, daß eine Scheidung weder ihrem Mann noch den Kindern schaden würde – aber sie könnten nun endlich wieder ihr Leben in vollen Zügen genießen. Weit gefehlt: Nicht wenige dieser Frauen leiden später unter Depressionen, und bei dem schwachen Versuch, ihrem Dasein neuen Schwung zu geben, haben sie genau das zerstört, was sie dazu gebraucht hätten – die Partnerschaft. Wer sich also aus der »Eintönigkeit« der Ehe befreien will, sollte lieber einmal darüber nachdenken, ob auch nur ein einziger Grund gegen die Scheidung spricht – und sich die Trennung lieber sorgfältig überlegen.

- *Lassen Sie sich nicht zu einer Scheidung drängen!*
  Meist geht die Frau zuerst zum Scheidungsanwalt – weil sie in den überwiegenden Fällen vom Mann so lange provoziert wird, bis sie diesen Schritt tut. Bis es soweit ist, entwickelt ihr Gatte auf einmal wieder »Kavaliersqualitäten« und legt ein derart ekelhaftes Benehmen an den Tag, daß der Frau gar nichts anderes übrigbleibt, als die Scheidung einzureichen. So hat ein Mann zum Beispiel eine Geliebte oder will aus einem anderen Grund wieder frei sein. Er benimmt sich also entsprechend unmöglich, kommt nachts betrunken nach Hause oder schikaniert seine Familie. Wenn die Frau sein Verhalten schließlich nicht mehr erträgt und von Scheidung spricht, zuckt er mit den Achseln: »Bitte schön, wenn du unbedingt willst!«
  Doch zuweilen hat es der Partner gar nicht auf eine endgültige Trennung abgesehen, vielmehr möchte er nur ausprobieren, wie weit er gehen kann. Tappt die Frau dann in die Falle und droht, ihn zu verlassen, weil sie sein rüpelhaftes Benehmen nicht mehr aushält, willigt ihr Mann tief getroffen in die Scheidung ein – und würde sie hinterher am liebsten auf den Knien anflehen, zu ihm zurückzukehren.

- *Lassen Sie sich nicht in eine Scheidung manövrieren!*
  Rechtsanwälte sollten eigentlich auf eine Versöhnung der

Partner hinwirken, doch manchmal werden die Fakten im Schriftverkehr so dargelegt, als sei das Ehepaar bereits fest zur Scheidung entschlossen. So können im großen und ganzen normale eheliche Verhaltensweisen im trockenen Juristendeutsch sehr schnell zu schwarz auf weiß festgehaltenen Verfehlungen werden. Und kommt dann die erste Anwaltsrechnung, steckt man in der Sache schon so tief drin, daß man wenig später – auch wenn eigentlich von Trennung noch gar nicht die Rede war – plötzlich vor dem Scheidungsrichter steht.

Gefährlich kann es auch sein, andere Leute um Rat zu fragen: Eine Frau, die mit ihrem Mann über achtzehn Jahre eine Ehe mit allen Höhen und Tiefen geführt hatte, sagte eines Tages zu einer Bekannten, daß sie nicht wisse, in welchem Umfang ihr Mann über eine Erbschaft verfügen könne, die sie drei Jahre zuvor angetreten hatte. Die Bekannte riet der Ehefrau dringend, einen Anwalt aufzusuchen, um sich über ihre Rechte aufklären zu lassen, was diese nach einigem Zögern tat. Doch wenig später bekam ihr Mann Wind von der Sache, war zutiefst verletzt und ging ebenfalls zum Anwalt, um zu erfahren, »was meine Frau gegen mich unternimmt«. Die Folge: Es wurden Verträge überprüft, der Wert des Vermögens festgelegt. Die Anwälte besprachen sich, und so kristallisierte sich aus einer simplen Beratung eine handfeste Scheidungsklage heraus, »die mit Sicherheit vermieden worden wäre, wenn ich den Mut gehabt hätte, direkt mit meinem Mann über die Sache zu sprechen«, wie die Frau später bedauernd sagte.

- *Lassen Sie sich nicht zur Scheidung verführen!*
Immer wieder werden über die Massenmedien Geschichten und Bilder von geschiedenen Prominenten aus Unterhaltung, Show und Sport vermittelt, die den Eindruck erwekken, eine Scheidung sei eine ganz normale Sache – und nicht selten lassen sich Frauen und Männer durch diese Berichte zur Trennung regelrecht verleiten. Da wird in einer ergreifenden Reportage berichtet, wie sich ein geschiedener

Mensch aus den Trümmern seiner Ehe befreite und ein neues Leben aufbaute. Doch was geschieht, wenn eine unzufriedene Ehefrau mit lärmenden Kindern, einem muffigen Ehemann und einem täglichen Berg schmutziger Wäsche solch eine Story liest, laut der sich etwa eine Fünfzigjährige vom »Joch der Ehe« befreite, nun nach der Scheidung eine gutgehende Boutique betreibt und viel im Ausland unterwegs ist, um Ware einzukaufen? Diese »Erfolgsberichte« provozieren gewisse Wunschvorstellungen, die stetig eskalieren – bis aus den Träumen der Wille zur Trennung erwächst.

Eine Scheidung befreit aber niemanden von Unzufriedenheit oder Langeweile. Solche Schwierigkeiten lassen sich besser auf andere Weise lösen, aber auf keinen Fall, indem man eine Ehe zerstört. Vielmehr soll hier noch einmal daran erinnert werden, daß der ständige Dialog in der Ehe stabilisierend und heilend auf die Partner wirken kann und daß sich die Probleme immer noch am besten in der Familie lösen lassen.

Wie steht's um Ihr Nervenkostüm?

Dazu gehört allerdings ein intaktes Nervenkostüm – und das ist ja in solch kritischen Situationen meist reichlich angeknackst. Doch jeder Mensch leidet zuweilen unter inneren Spannungen, die immer dann eintreten, wenn wir unser Glück und Wohlergehen und unsere Selbstachtung bedroht sehen. Unser seelisches Gleichgewicht ist in Schieflage geraten, was aber keinesfalls einen Grund zur Besorgnis darstellt, wenn es gelegentlich geschieht. Hat es jedoch andauernd Schlagseite, dann ist Wachsamkeit geboten.

Woran können Sie erkennen, daß mit Ihrem nervlichen Zustand etwas nicht stimmt? Beantworten Sie sich doch einmal die nachfolgenden Fragen:

- Werden Sie schon durch kleinere Probleme und Enttäuschungen in Verwirrung und Aufregung versetzt?

- Haben Sie Schwierigkeiten mit anderen Menschen, und fällt es anderen nicht leicht, mit Ihnen auszukommen?
- Hegen Sie ständig irgendwelche Befürchtungen?
- Ängstigen Sie sich auf einmal vor Menschen oder Situationen, die Ihnen nie zuvor Schwierigkeiten bereitet haben?
- Sind Sie mißtrauisch sowohl dem Partner als auch Ihren Freunden gegenüber?
- Haben Sie das Gefühl der Unzulänglichkeit und werden von Zweifeln an sich selbst geplagt?

Sollten Sie die meisten Fragen mit »ja« beantwortet haben, so ist dies noch kein Unglück, aber bemühen Sie sich bitte darum, daß Ihr seelisches Gleichgewicht wieder ausgeglichen wird. Hier sind einige einfache, praktische und wirksame Mittel, die Sie selbst anwenden können:

- *Sprechen Sie sich aus!*
  Fressen Sie nie in sich hinein, was Sie bedrückt. Viel besser ist es, wenn Sie Ihre Sorgen einem ausgeglichenen Menschen, dem Sie vertrauen können, erzählen – am besten natürlich dem Ehepartner. Eine Aussprache verringert die seelische Spannung und hilft Ihnen, die Dinge in klarerem Licht zu sehen – sie trägt dazu bei, eine Lösung herbeizuführen.

- *Entfliehen Sie eine Zeitlang Ihren Sorgen.*
  Zuweilen ist es recht nützlich, ein quälendes Problem *vorübergehend* beiseite zu schieben. Lenken Sie sich davon ab, indem Sie – natürlich mit dem Partner – etwas unternehmen: ins Kino gehen, Sport treiben, einen Ausflug machen. Diese Flucht vor dem Alltag ist allerdings kein Mittel zur dauerhaften Lösung von Schwierigkeiten. Daher sollten Sie sich von vornherein darauf einstellen, das Problem später wieder in Angriff nehmen zu müssen, vor allem, wenn Sie gelassener und geistig wie seelisch in besserer Verfassung sind.

- *Reagieren Sie Ihren Zorn ab.*
  Wenn Sie schon bei den nichtigsten Anlässen aus der Haut

fahren, denken Sie daran, daß man sich solcher Explosionen später gewöhnlich schämt und sie bedauert. Daher sollten Sie jedesmal, wenn Sie das Bedürfnis haben, den anderen anzubrüllen, lieber noch einmal tief und ruhig durchatmen und innerlich langsam bis zehn zählen. Oder Sie reagieren sich anderweitig ab: durch Holzhacken, einen langen Spaziergang, Gartenarbeit. Hat sich Ihr Zorn während dieser Zeit gelegt, sind Sie schon eher in der Lage, eine ärgerliche Situation klug zu meistern.

- *Geben Sie gelegentlich nach.*
  Falls Sie häufig mit dem Partner in Streit geraten und zu Trotz und Widerspruch neigen, sollten Sie bedenken, daß dies ein typisches Verhalten von Kindern ist, die sich zurückversetzt fühlen. Stehen Sie zu dem, was Sie sagen – vergessen Sie dabei aber nicht, daß auch Sie sich irren können. Und selbst dann, wenn Sie unbestreitbar im Recht sind, fällt Ihnen kein Zacken aus der Krone, wenn Sie einfach mal nachgeben – schon allein, um Ihre Nerven zu schonen. Dann werden Sie auch feststellen, daß der andere ebenfalls zu Zugeständnissen bereit ist. Dies beendet die Spannung, führt zu einer akzeptablen Lösung und vermittelt ein Gefühl der Zufriedenheit und Reife.

- *Tun Sie etwas für den Partner.*
  Wenn Ihre Sorgen ständig um die eigene Person kreisen, sollten Sie versuchen, etwas für den Partner zu tun. Dies wird Sie von Ihren Kümmernissen ablenken und – was noch mehr wert ist – Ihnen das Gefühl geben, etwas Positives geleistet zu haben.

- *Verrichten Sie nur eine Sache zur selben Zeit.*
  Wer seelisch unter Druck steht, dem erscheint eine gewöhnliche Arbeitsleistung so groß, daß er davor zurückschreckt, auch nur einen Teil davon in Angriff zu nehmen. Sollte es Ihnen so ergehen, dann nehmen Sie sich nur einige der dringendsten Aufgaben – eine nach der anderen – vor und

stellen alles übrige vorübergehend zurück. Haben Sie erst einmal die anfänglichen Aufgaben gemeistert, werden Sie mit dem Rest viel leichter fertig. Sollten Sie aber der Meinung sein, überhaupt nichts zurückstellen zu können, dann fragen Sie sich einmal, ob Sie nicht die Wichtigkeit der Dinge – und Ihre eigene Wichtigkeit – überschätzen.

- *Seien Sie nicht zu kritisch.*
  Manche Leute fordern zuviel von anderen und fühlen sich im Stich gelassen oder enttäuscht, wenn diese dann nicht mit ihnen Schritt halten. In einem solchen Fall verlangen wir von dem anderen – der Ehefrau, dem Ehemann –, daß er mit einer Vorstellung, die wir in uns tragen, völlig einverstanden ist, oder versuchen sogar, ihn nach unseren Wünschen umzuformen. Vergessen Sie nie, daß ein Mensch – auch der Ehepartner – das Recht hat, seine eigene Persönlichkeit zu entfalten. Menschen, die wegen der Mängel (wirklicher oder eingebildeter) ihrer Angehörigen enttäuscht sind, erliegen in Wirklichkeit einer Selbsttäuschung. Sie sollten daher die guten Seiten des Partners herausfinden und ihm helfen, diese zu entwickeln. Das ist für beide befriedigender.

- *Seien Sie aufgeschlossen.*
  So mancher von uns hat das Gefühl, er würde vom Partner »links liegengelassen«, vernachlässigt und übersehen. Das ist aber oft nur Einbildung. Sie sollten sich daher nicht vom anderen abwenden oder zurückziehen, sondern versuchen, ihm entgegenzukommen. Am besten, Sie nehmen den Mittelweg zwischen Aufdringlichkeit und Abkapselung.

Verstehen Sie sich selbst!

Seelische Nöte entspringen häufig praktischen Problemen: finanzielle Sorgen, Schwierigkeiten im Beruf oder in der Familie. Doch ebensooft können festgefahrene Gewohnheiten des einen Partners beim anderen innere Konflikte auslösen. Wir sollten uns daher stets um ein seelisches Gleichgewicht bemühen – was nicht einfach ist, weil die wenigsten von uns über die inneren und äußeren Voraussetzungen verfügen, die diesen Zustand ermöglichen. Wir sollten aber immer wieder daran arbeiten, ihn zu erreichen, indem wir danach streben, uns selbst und den Partner besser zu verstehen.

Aber was heißt sich selbst verstehen? Wieso muß man mit sich selbst ins reine kommen? Man kennt doch sein eigenes Ich genau?

Von wegen! Weil jeder Mensch nicht nur mit einem Ego ausgestattet ist, sondern mit drei! Nach der im Jahre 1956 von Dr. Eric Berne entwickelten Transaktionsanalyse hat jeder Mensch ein hilfloses Kindheits-Ich, das autoritäre Eltern-Ich und das gelassene Erwachsenen-Ich.

Ein Beispiel: Sie haben gerade Ihren vierjährigen Sohn ins Bett gebracht, und weil Ihr Mann wegen eines Geschäftsgesprächs mit wichtigen Kunden erst spät nach Hause kommen wird, wollen Sie es sich vor dem Fernseher gemütlich machen. Doch als Sie sich justament hingesetzt haben, ruft Ihr Göttergatte an und sagt, er wolle in einer halben Stunde mit vier Geschäftsfreunden nach Hause kommen. Sie möchten doch bitte schön ein anständiges Abendbrot herrichten, man habe riesigen Hunger ... Und während er Ihnen das alles so unterbreitet, erscheint Ihr kleiner Sohn im Wohnzimmer und nörgelt, er könne nicht schlafen.

Wie reagieren Sie? Werden Sie jetzt a) den Hörer auf die Gabel knallen und Ihren Sohn anschreien: »Du machst mich verrückt mit deinem Gequake, geh sofort wieder ins Bett«? Oder b) wütend ein Kissen gegen den Fernseher schleudern, im Sessel zurücksinken und in Tränen ausbrechen? Oder c) sofort in die Küche gehen und das Abendbrot herrichten?

Sicherlich haben Sie je nach Stimmungslage bereits alle drei Möglichkeiten durchexerziert: das Eltern-Ich, das Kindheits-Ich, das Erwachsenen-Ich. Und es gibt deutliche Anzeichen dafür, welches Ich gerade dran ist.

Das Eltern-Ich zeigen Sie, wenn Sie den Telefonhörer geräuschvoller als gewöhnlich auflegen und Ihren Sohn zurechtweisen. Weil das Eltern-Ich belehrt, Vorträge hält, schimpft und Vorschriften macht. Aber das Eltern-Ich sorgt auch für die Kinder; es ernährt, schenkt Trost und Rat, setzt Wertmaßstäbe, gibt Konventionen weiter, ist also ein wichtiger Bestandteil unserer Gesellschaft.

Das Kindheits-Ich brach bei Ihnen durch, als Sie trotzig das Kissen gegen den Fernseher schleuderten und anschließend den Tränen freien Lauf ließen. Dieser Teil von Ihnen zeigt jene Gehemmtheiten und Unzulänglichkeiten, die ein zwangsläufiger Grundstock Ihrer Kindheit waren. Solche Empfindungen sind noch in Ihnen gespeichert und können durch eine Katastrophe – hier das Herrichten des Abendessens für fünf Personen – spontan hervorgerufen werden. Aber das Kindheits-Ich hat auch seine guten Seiten – Fröhlichkeit, Neugier, Sinnlichkeit, Phantasie –, mit denen jedes Kind ausgestattet ist. Man sieht sofort, wenn sich ein Kind freut oder schlechtgelaunt ist.

Beschäftigen Sie sich aber sofort mit dem Herrichten des Essens, ließen Sie sich vom Erwachsenen-Ich leiten, weil Sie die Vor- und Nachteile des Geschäftsbesuchs kurz abwägten. Dabei kamen Sie zu dem Ergebnis, daß es nur positiv für Ihren Mann sein kann, wenn er sich als Gastgeber zeigt. Das Erwachsenen-Ich zeigt keine Gefühlsregungen, es verarbeitet alle Informationen weiter, vermittelt aber auch zwischen dem Kindheits- und dem Eltern-Ich und entscheidet, welches gerade die Führungsrolle übernehmen darf.

Ist man sich über seine verschiedenen Ichs im klaren, so kann man sie auch dem Partner gegenüber einsetzen: »Du hast mal wieder all deine Sachen im Wohnzimmer rumliegen lassen, und ich durfte sie wegräumen«, sagt die Frau vorwurfsvoll und zeigt damit, daß zur Zeit ihr Eltern-Ich am Drücker ist. In diesem Fall – schon allein, weil Sie hoffen, daß Ihre Frau auch weiterhin Ihre Sachen wegräumt – wird Ihr Erwachsenen-Ich wahrscheinlich beschließen, daß es klüger ist, dem Partner recht zu geben, und Sie brav erwidern lassen: »Tut mit leid, Schatz, ich versuche mich zu bessern!« Mit dieser Antwort passen Sie sich an, Sie zeigen eine ergänzende Transaktion.

Ist eine Ehe glücklich, werden die Partner miteinander meist durch diese ergänzenden Transaktionen kommunizieren: Man freut sich miteinander von Kindheits-Ich zu Kindheits-Ich, wird von Eltern-Ich zu Eltern-Ich diskutieren, von Erwachsenen-Ich zu Erwachsenen-Ich die Meinungen austauschen. Man kann aber auch von Eltern-Ich zu Kindheits-Ich einander Trost zusprechen.

Droht aber ein Ehekrach, sollte jeder versuchen, möglichst schnell das Erwachsenen-Ich einzuschalten:

»Na also«, sagt der Ehemann, nachdem er einige Bissen gegessen hatte, »endlich hast du begriffen, wie die Soße schmecken muß!«

Über zwei Stunden hatte seine Frau in der Küche zugebracht und sitzt jetzt mit ihrem Mann am Eßtisch in dem Bewußtsein, daß ihr der Sonntagsbraten besonders gut gelungen ist. Doch nach dieser jovialen Bemerkung würde sie ihm die Soße am liebsten ins Gesicht schütten: »Du ... du bist ekelhaft! Kannst du denn nichts als kritisieren?« läßt sie ihr Kindheits-Ich protestieren.

Bei ihm ist aber gerade das Eltern-Ich an der Reihe: »Verdammt noch mal, ich hab' dir doch nur ein Kompliment machen wollen! Aber du mußt ja immer gleich explodieren!«

Und schon liegen sich beide in den Haaren, mit der sonntäglichen Harmonie ist es vorbei. Sie steigern sich vielmehr in einen sinnlosen, lautstarken Ehekrach, der noch genügend Zündstoff für die nächste Runde bietet.

Viel besser wäre es gewesen, wenn die Frau ihr Erwachsenen-Ich eingesetzt hätte: »Kriege ich dann auch für meine Hausaufgabe eine Eins, Herr Oberlehrer?« Sicherlich würde sich daraufhin bei ihm ebenfalls das Erwachsenen-Ich melden und beide lachen – wobei dem Mann allerdings ihr sanfter Tadel nicht verborgen bliebe.

Die meisten jungen Ehen werden noch im Stadium des Kindheits-Ich geschlossen, und die Partnerschaft nimmt vielleicht einen glücklichen Verlauf – bis einer von beiden ein weiteres Ich entdeckt. Dann erwartet zum Beispiel der Eltern-Mann von seiner Kindheits-Frau, daß sie ihr Erwachsenen-Ich einsetzt: »Geh doch ein bißchen sparsamer mit dem Haushaltsgeld um!« Sie aber lebt noch voll im Kindheits-Ich: »Immer mußt du meckern!« – und der Streit ist da. Wer sich also dem harten Lebensalltag stellen muß, sollte dafür sorgen, daß sich bei ihm im Laufe der Zeit ein ausgeprägtes Erwachsenen-Ich bildet.

Den Menschen gelingt es jedoch äußerst selten, erwachsen zu werden; nahezu jeder von uns trägt kleine – oder große – Rückstände an Unreife mit sich herum. Man kann auch nicht von heute auf morgen erwachsen werden – wie das körperliche geht auch das seelische Wachstum langsam vor sich.

Was versteht man überhaupt unter »Reife«?

- Reif sein bedeutet, selbstlos zu sein, auf die Bedürfnisse anderer einzugehen.
- Reif sein bedeutet, sich Enttäuschungen und Unannehmlichkeiten zu stellen, ohne zu verbittern.
- Reif sein bedeutet, Geduld zu haben, sich eine momentane Chance zugunsten eines Gewinns auf weite Sicht zu versagen.
- Reif sein bedeutet, Ausdauer zu zeigen und einen Plan gegen Widerstände und entmutigende Rückschläge durchsetzen zu können.
- Reif sein bedeutet, mit Dingen, die wir nicht ändern können, in Frieden zu leben.
- Reif sein bedeutet, ehrlich und zuverlässig zu sein, Versprechen einzuhalten.

  Unreife Menschen haben für alles eine Entschuldigung – Leute, die ständig zu spät kommen, die immer durch Abwesenheit glänzen, jene Blender, die im Ernstfall kläglich versagen. Ihr Leben ist ein völliges Durcheinander von Wortbrüchen, nicht durchgeführten Unternehmungen und zerbrochenen Freundschaften.
- Reif sein bedeutet, selbstlos zu sein.

  Einem reifen Menschen fällt kein Zacken aus der Krone, wenn er sagt: »Entschuldigung, ich habe mich geirrt!« Ihm fällt es auch nicht schwer, zu sagen: »Es tut mir leid!« Und wenn er recht hat, verzichtet er selbstverständlich auf die Bemerkung: »Siehst du, ich habe es dir ja gleich gesagt!«

So sieht der Idealfall aus, aber wie gesagt: Nur wenige schaffen es, wirklich reif zu werden, weil wir häufig gar nicht die Zeit dazu finden – weil uns die harten Tatsachen des Lebens zu sehr fordern. Wir schaffen und raffen. Unser Götze ist die Technik. Mit der Arbeit, die wir beherrschen, haben wir Geräte entwickelt, die uns beherrschen. So gut funktioniert die Technik, daß sie jede Verantwortung durch eine übergeordnete Verantwortung halbiert, und die »oberste« Verantwortung trägt das System. Routine – das ist's, was die Technik verlangt. Der eine ist mehr, der andere weniger gegen diese Einflüsse gefeit. Aber überall ist spürbar, daß wir von jenem Tempo, dem wir uns ergeben, mitgerissen und vereinnahmt werden.

Diese Einflüsse wirken sich auch auf das Zusammenleben von Mann und Frau aus. Früher haben die Geschlechter das Tau, an dem ihr Bündel hing, in eine Richtung gezogen, doch heute scheinen sie ein verbissenes Tauziehen zu veranstalten. Komplexe gibt es auf beiden Seiten. Die Frauen gehen gegen die Legende vom »schwachen Geschlecht« mit solch einer Verve an, daß sich die Männer bedrängt fühlen. Noch immer werden die männlichen Privilegien mit allen Mitteln verteidigt und gerechtfertigt, wobei es zu gefährlichen Mißdeutungen der Gleichberechtigung und zu Beurteilungen der Frau nach männlichen Maßstäben kommt.

Aber das Tauziehen findet auch dort statt, wo sich Frauen und Männer nicht als Gruppe treffen. Es kann auch zum Duell ausarten. Mann und Frau sind dabei, die häuslichen Zuständigkeiten einander zuzuschieben oder auch streitig zu machen. Noch gibt es den Mann, der sich als Familienoberhaupt respektiert sehen will und den die Frau, die Kinder leitend und das Haushaltsgeld verwaltend, geschickt im guten Glauben an sein Patriarchat läßt.

Häufiger ist aber der Typ, der erschöpft nach Hause kommt und in Ruhe gelassen werden will. Dafür schafft er dann eine neue Couchgarnitur oder Küche an und karrt die Familie einmal im Jahr im naiven Stolz, etwas Großartiges zu vollbringen, nach Spanien. Er geht voll in seinen Tätigkeiten des Organisierens und Geldanlegens auf und ist infolgedessen überzeugt, so ausgelastet zu sein, daß er keine Zeit für Erziehung und Gespräche hat. So wird die Frau, oft wider Willen, auch noch zum Haushaltsvorstand. Allerdings gibt es auch noch solche Frauen, die sich in den überlieferten Wonnen des Besitzseins, der völligen Abhängigkeit, der Gunst des Mannes sonnen – und diesen Zustand als normal empfinden.

Doch die wenigsten Frauen wollen freilich nur Eigentum sein – sie wollen auch besitzen. Sie sprechen es allerdings nicht aus. Doch wenden die meisten die schon früher üblichen Mittel an, um den Anblick einer untertänigen Ehefrau zu bieten, während sie in Wirklichkeit mit Raffinesse, mit Gewähren und Versagen, mit veralteter Geheimnistuerei und Sphinxhaftigkeit den Mann zu beherrschen versuchen.

Aber jenes Zueinandergehören, vielleicht sogar das Einandergehören, das es zuweilen in alten, harmonischen Ehen in guter Ausgewogenheit gibt, ist etwas ganz anderes. Es ist das schönste Ergebnis einer langjährigen Ehe. Es ist das, wovon – nach wie vor – viele junge Mädchen träumen, weil sich in der Zusammengehörigkeit so viele Wünsche und Sehnsüchte erfüllen. Vor allem das Vertrauen, die Sicherheit, die Beständigkeit, die nun einmal zu einer guten Ehe gehören oder gehören sollen. Sagen wir es vorsichtiger: die man sich in einer guten Ehe schließlich erobern oder als großes Los gewinnen kann.

Erst nach zehn oder fünfzehn Jahren Ehe kann man wissen, ob diese Zusammengehörigkeit wenigstens als Grundriß im Unterbewußtsein entstanden ist oder ob man einander fremd blieb. Ob man sich also auf dem Weg zueinander befindet oder den Steilhang der Austrocknung und Kälte herabrutscht.

Daß gemeinsam ertragenes Leid zwei Menschen miteinander verbinden kann, weiß wohl jeder. Die Vertreibung aus der Heimat etwa, der Verlust des Elternhauses, der Tod eines geliebten Familienmitglieds, eine schwere Krankheit, die nur mühsam überwunden wurde – das verbindet zwei Menschen, die einander gut sind. Können sie sich aber nicht ausstehen, dann wird gemeinsam zu ertragendes Unglück ein weiterer Grund für Entfremdung.

Wie steht es aber nun mit einem gemeinsam erlebten Glück? Es bindet bei weitem nicht so stark. Glückliche Zeiten vergehen nun einmal schneller als die schwierigen. Und bringt man alles auf einen Nenner, so weiß man: Die Zusammengehörigkeit ist durch die Länge des Zusammenlebens bedingt.

Wer daran denkt, wird auch die Geduld aufbringen, die für den Eheanfang notwendig ist. Für die ersten Jahre, in denen zwei verschiedenartige Charaktere aneinander abgeschliffen werden sollen und in denen nun die bisher getrennt verlaufenden Lebensbahnen in einen gemeinsamen Lebensweg münden müßten.

Bei zwei sehr unterschiedlichen Naturen, welche die gleiche Durchsetzungskraft und den entsprechenden Anspruch auf eigene Gedanken und Gefühle haben, hört der Kampf um das Zusammengehören nie auf. Ja, er ist der eigentliche Inhalt der Ehe. Die meisten glücklichen Ehen sind durchweg von Krisen heimgesucht worden.

Dagegen kann es zu Katastrophen führen, wenn sich ein Partner unüberzeugt fühlt und er sich gegen seinen innersten Willen fügt, wenn er die Meinung des anderen akzeptiert, nach ihr zu leben sucht und doch nicht dazu in der Lage ist.

5

Die unliebsamen »besseren« Hälften

Wenn der Hausdrache regiert

Daß heute in vielen Fällen nicht die Männer, sondern die Frauen die Ehe beherrschen, kann man nicht als einen Fortschritt gegenüber früher bezeichnen. Für die Ehe ist es uninteressant, ob der Tyrann männlichen oder weiblichen Geschlechts ist, ob sich der Mann aufgibt oder die Frau. In beiden Fällen fehlt der Widerstand, fehlt die Anregung. Es fehlt die echte Partnerschaft, statt dessen regiert in der Familie der Hausdrache.

Die meisten Exemplare dieser Gattung haben sowieso nie etwas anderes gesucht als die Ehe, haben nie ein anderes Ziel vor Augen gehabt, als Hausfrau – und Hausdrache – zu werden. Sie heiraten in dem Wissen, daß sie nur als Frauen ihrer Männer eine Rolle spielen können. Sie gehen in die Ehe, um durch die Karriere ihres Mannes, durch sein Geld, seine Talente im Leben etwas zu erreichen, was sie aus eigener Kraft nie schaffen würden.

Sie heiraten also aus eigensüchtigen Motiven, aus Eitelkeit und Zielstrebigkeit. Ihr Mann muß das erreichen, was sie wollen, sonst ist der Sinn ihrer Ehe verfehlt. Deshalb müssen sie ihn ständig antreiben, ihn triezen.

Solche Frauen sind Karriere-Hausdrachen. Sie sind mit den Leistungen ihrer Männer nie zufrieden, daher erklären sie ihnen immer und immer wieder, daß sie viel mehr leisten könnten, wenn sie nur wollten – oder wenn sie wenigstens den Anweisungen ihrer »liebenden« Gattin gefolgt wären. Andererseits brauchen manche Männer solche »Motivationen«, um durch sie zum Erfolg zu kommen.

Von ganz anderem Kaliber sind die enttäuschten Hausdrachen – jene Frauen, die auf das falsche Pferd gesetzt, also die Kräfte und Fähigkeiten ihres Mannes überschätzt und seine Grenzen erkannt haben. Sie rächen sich, indem sie dem Partner ständig vorwerfen, wie erfolglos er doch ist, und reißen das Regiment im Haushalt an sich: »Wenn du schon so wenig verdienst, muß ich dafür sorgen, daß der Haushalt sparsam geführt wird!«

Die enttäuschten Drachen zahlen ihrem Mann ein lächerliches Taschengeld, teilen ihm – wenn er überhaupt rauchen darf – die Zigaretten zu, überwachen seine Freizeit. Das tun sie jedoch mit überaus vernünftig klingenden Begründungen, denen der mit Minderwertigkeitskomplexen beladene Mann nicht zu widersprechen wagt. Und obwohl er alles brav über sich ergehen läßt, wird er niemals sein Soll an Gehorsam erfüllen. Vielmehr wird er immer wieder Fehler machen, indem er sich »Ausschweifungen« hingibt: »Du trinkst jetzt schon den zweiten Schnaps, obwohl ich dir nur einen gestattet habe!« Er wird tyrannisiert bis zum Gehtnichtmehr.

Und er bekommt permanent Verhaltensmaßregeln. Der enttäuschte Hausdrache schreibt dem Partner vor, daß er dieses und jenes zu tun oder zu lassen hat, seiner Stellung, seiner Vorgesetzten, seiner Kollegen wegen. Vor allem aber, um die ohnehin unzufriedene Ehefrau nicht noch weiter zu enttäuschen: »Ich habe mein Leben meinem Mann und meiner Familie geopfert«, seufzt sie stets – und begreift nicht, daß sie im Grunde genommen nicht der Ausgenutzte ist, sondern der Ausnutzer. Daß sie nicht durch die Umstände, durch Unglück, durch das Versagen ihres Mannes zum Hausdrachen wurde, sondern von Natur einer ist.

Nun wieder einmal ein kleiner Test: Sind Sie mit Ihrem Leben zufrieden? Oder hängt Ihnen alles zum Halse heraus? Die folgenden Fragen und ihre Auswertung geben ein bißchen Aufschluß:

1. Möchten Sie eigentlich lieber zum anderen Geschlecht gehören?
   Ja = 0; nein = 1.
2. Sind Sie sofort geladen, wenn Sie kritisiert werden?
   Ja = 0; nein = 1.
3. Schlafen Sie gut?
   Ja = 1; nein = 0.
4. Halten Sie Geld für den wesentlichsten Beitrag zum Glück?
   Ja = 0; nein = 1.

5. Bleiben Sie im allgemeinen auch in schwierigsten Situationen optimistisch?
   Ja = 1; nein = 0.
6. Schlägt trübes Wetter auf Ihr Gemüt?
   Ja = 0; nein = 1.
7. Glauben Sie, daß man Sie immer wieder hintergeht?
   Ja = 0; nein = 1.
8. Leisten Sie sich manchmal nur so aus Spaß eine unnütze Ausgabe?
   Ja = 1; nein = 0.
9. Suchen Sie sich Ihre Kleidung am liebsten allein aus?
   Ja = 0; nein = 1.
10. Würden Sie am liebsten noch einmal leben?
    Ja = 1, nein = 0.

Auswertung
8 bis 10 Punkte: Sie sind mit Ihrem Leben sehr zufrieden. Ihre Wünsche passen sich den Gegebenheiten an. Sie finden sich und Ihre Mitmenschen recht passabel.
6 bis 7 Punkte: Auch bei Ihnen überwiegt die Zufriedenheit, doch sind Sie sich und den anderen gegenüber recht kritisch eingestellt. Manchmal sind Sie auch unzufrieden, teilen dies Ihrem Partner jedoch nur selten mit.
3 bis 5 Punkte: Sie kommen zwar mit Ihrem Leben zurecht, doch im Grunde Ihres Herzens sind Sie unzufrieden und oft auch deprimiert, was Sie Ihren Partner häufig spüren lassen.
0 bis 2 Punkte: Sie sind mit sich und Ihrem Leben sehr unzufrieden, pflegen einen rabenschwarzen Pessimismus und finden die Welt und die Mitmenschen abscheulich. Man kann Sie mit Fug und Recht einen Hausdrachen nennen – Ihr Partner hat wahrlich nichts zu lachen!

Aber: Kann man die Hausdrachen nicht in ihre Schranken weisen? Das ist schwierig, fast unmöglich, weil sie schon aufschreien, sowie man sich ihnen mit Vernunft zu nähern sucht. Ihre Wehleidigkeit und Empfindlichkeit sind enorm. Ihre Fähigkeit, Leid und Leiden zu tragen, ist ungeheuerlich.

Besonders was die Unterart »zarter Hausdrache« vollbringt, erscheint herzzerreißend: Sie sind wahnsinnig geräuschempfindlich, und ihre hypersensiblen Nerven vertragen kein lautes Wort, deshalb darf der Mann nur pianissimo Radio hören und muß bei den Nachbarn gegen den zu lauten Fernseher protestieren. Ihr Geruchs- und Geschmackssinn ist wahnsinnig feinnervig, deshalb bekommen sie schon einen heftigen Migräneanfall, wenn der Partner auf dem Balkon eine Zigarette raucht: »Ein bißchen Rücksicht könnte ich eigentlich von dir verlangen!« Ja, sie setzen voraus, daß der Mann seine »groben« Gewohnheiten ihrer spinnwebfeinen Psyche anpaßt.

Ein dritter Typ ist der »listige« Hausdrache: eine Frau, die sich die Sünden des Ehemanns bezahlen läßt, indem sie aus einer einmaligen Verfehlung – zum Beispiel einem Treuebruch oder Spielverlust – wiederholt ihre Vorteile zieht und ihn »mit Recht« überwacht, einengt und ihn zum reuigen Wiedergutmacher erniedrigt.

Die Männer sind auch nicht besser!

All diesen vorgenannten Typen sind ihre Wesenseigenschaften von vornherein mitgegeben, und sie zurechtzuschleifen ist äußerst schwierig. Es gibt aber Fälle, in denen durch eine uneigennützige Zuneigung des Mannes ein Hausdrache in eine liebende Frau verwandelt wurde. Und damit die Herren nicht hochnäsig werden: Obwohl der Begriff »Hausdrache« im allgemeinen nur auf die Ehefrauen angewendet wird, gibt es genug Männer, auf die diese Bezeichnung ebenso paßt, mit all den schlechten Eigenschaften, die hier aufgezählt wurden. Man nennt sie allerdings »Tyrannen« – sie werden von den Frauen ganz besonders »geliebt« und lassen sich in zehn Untergruppen einteilen:

Der Berufsprotz verteidigt sich beleidigt mit dem Aufschrei: »Ich tue alles für dich!« In Wirklichkeit ist seine Geliebte aber die Arbeit und seine Frau nur seine Kammerzofe. Von ihm, der die meisten Klagen der Ehefrauen auslöst, sagt man ehrfurchtsvoll erschauernd: »Er geht in seiner Arbeit auf.« Wenn er nicht freiwillig Überstunden macht, bringt er Berge von Akten nach Hause, um im Alleingang darüber einzuschlafen. Zaghafte Versuche der Ehefrau, den nachwirkenden Büroärger durch liebevolle Anteilnahme zu dämpfen, weist er brüsk von sich mit der Bemerkung, sie verstehe davon nichts, und es würde zu weit führen, wenn er ihr die betrieblichen Abläufe erklären müsse. Dafür nimmt er sich aber das Recht, seinen Betriebsärger an Frau und Kindern auszulassen und das, was er in der Firma nicht durchsetzen konnte, nun zu Hause anzuordnen. Allzu gern überträgt er organisatorische Erfahrungen auf den Haushalt und engt damit den Bereich der Frau noch weiter ein. Oder er macht ihr klar, daß ihre tägliche Routinearbeit nicht im geringsten mit seiner schöpferischen Leistung zu vergleichen sei – und überhaupt hätte die Frau ja sowieso praktisch nichts zu tun und könne sich den ganzen Tag ausruhen. Freunde hat er keine, weil er ja nur über seine Arbeit spricht, und falls mal Gäste ins Haus kommen, sind es durchweg Arbeitskollegen, die mit dem Hausherrn fachsimpeln, während seine Frau den Part der Köchin und Bierholerin spielen darf.

Der Geizkragen besteht darauf, allein über das Einkommen zu verfügen. So rafft er das Geld für die Zukunft zusammen, gönnt der Familie nicht das Schwarze unterm Nagel, kauft der Frau jahrelang kein Kleid, bietet den Gästen nichts an und hält eine mehrwöchige Urlaubsreise für unnötige Geldausgabe. Daher steht es für ihn auch fest, daß die Familie die Ferien zu Hause verbringen muß.

Der Herr im Haus bestimmt und kümmert sich um alles. Was er nicht genehmigt hat, gilt nichts, für ihn ist es selbstverständlich, daß seine Meinung respektiert und ohne Widerspruch hingenommen wird. Er diktiert die Hausordnung und verlangt von seiner Frau, daß sie über jeden ausgegebenen Betrag Rechenschaft ablegt.

Der Vatertyp nennt seine Frau »Kindchen«, weil er sie bevormundet und belehrt. Er traut ihr nichts zu, »weil sie eben eine Frau ist«, daher legt er auch ihre Frisur und Kleidung fest – zumeist gegen ihren Geschmack. Das interessiert ihn aber nicht, statt dessen »überrascht« er sie mit einem Teenagerkleid der Größe vierundvierzig – oder er macht seine Frau aus Eifersucht zum Aschenbrödel.

Der Selbstherrliche redet nur von sich selbst und kann nicht zuhören, weil »die anderen sowieso nur Schwachsinn verzapfen«. Doch er ist in allen Lebenslagen der Größte: ein einmaliger Denker, Arbeiter, Unterhalter, der wahnsinnig übertreibt und angibt, sich in endlosen Reden vor Frau und Gästen gefällt. Stets möchte er im Mittelpunkt stehen, und deshalb wendet er sämtliche Tricks und Mittel an, um andere in den Schatten zu stellen.

Der Nachlässige kommt abends nach Hause, zieht sofort die ältesten Klamotten an und macht es sich auf dem Sofa bequem, ohne ein Wort für seine Familie übrig zu haben. In Gesellschaft mit anderen oder auf Partys jedoch ist er ein glänzender Unterhalter, der mit jedem reden und scherzen kann – nur nicht mit seiner Frau.

Der Neugierige kümmert sich mehr um die Belange der Nachbarn als um seine Familie. Auf dem Heimweg oder bei Besorgungen bleibt er an jeder Ecke stehen, um zu klatschen. Er mischt sich ungefragt in sämtliche Gespräche ein, und für ihn gibt es nichts Schöneres, als zu Hause über andere Leute zu reden und zu tratschen.

Der Empfindliche weist immer wieder auf sein angegriffenes Nervenkostüm hin. Er kann keine lauten Töne vertragen und außerplanmäßige Arbeit erst recht nicht erledigen. Jede noch so taktvolle Kritik nimmt er übel, bei Aussprachen zeigt er sich von vornherein gereizt, und er verschließt sich mimosenhaft den Tatsachen, die ihm nicht in den Kram passen.

Der Hätte-Typ ist ein Planer mit Hemmschuh, ein Spätzünder, ein Meister der Reue. »Hätte ich damals den Job angenommen, wäre ich heute fein raus!« – »Hätte ich nicht so früh geheiratet, hätte ich mich im Ausland fortbilden können!« – »Hätten wir doch eine andere Wohnung gekauft, unseren Urlaub nicht auf Mallorca verbracht, unseren Sohn nicht Paridam genannt!« Nicht jede Frau hat die Nerven, sich fortwährend solche Sätze anzuhören, und nicht wenige brauchen nach jedem zehnten »Hätte« eine Vase, die sie zertrümmern können – um später hören zu müssen: »Hättest du nicht kürzlich die Vase zerschlagen, wüßten wir jetzt, wo wir die Blumen hineinstellen können!« Hoffentlich sind dann noch zwei Vasen im Haus: eine für die Blumen, eine zum Zertrümmern.

Ganz schlimm: das Muttersöhnchen!

Bei dieser Kategorie handelt es sich um eine Spezies Mann, die Ehefrauen an den Rand des Wahnsinns bringen kann und auf die ausführlicher eingegangen werden muß:

Beate R. (33) könnte eigentlich glücklich und zufrieden sein. Ihr Mann Werner (35), mit dem sie seit sieben Jahren verheiratet ist, besitzt eine gutgehende Autoreparaturwerkstatt, sie haben eine niedliche fünfjährige Tochter und wohnen in einem schmucken Einfamilienhaus am Stadtrand. Finanzielle Sorgen belasten sie auch nicht, sie können sich sogar zweimal im Jahr eine schöne Urlaubsreise leisten. Nach außen hin macht die Familie einen glücklichen Eindruck.

Jedoch kracht es gewaltig in der Ehe, und Beate R. ist mit den Nerven total am Ende. Weil sie Probleme mit ihrem Mann hat. Beate R. stöhnt: »Mit Werner ist es einfach nicht auszuhalten. Ich weiß nicht, wie es mit uns beiden weitergehen soll!«

Schuld an dieser Ehekrise ist Beates Schwiegermutter. Genauer gesagt: Werners Hang zu seiner Mutter. Sooft er kann, besucht er sie und spricht mit ihr über seine Sorgen und Probleme. »Das kann ich am besten mit Mama«, erklärt er immer wieder seiner Frau. Denn Werner R. ist ein »Muttersöhnchen«.

Beate R. gibt offen zu, daß sie auf ihre Schwiegermutter eifersüchtig ist. Und sie hat genug Gründe: Mindestens einmal pro Woche muß die alte Dame besucht werden, und Werner R. fällt keine Entscheidung, ohne daß er sich vorher mit seiner Mutter berät. »Hat er Sorgen im Beruf, geht er zuerst zu ihr«, seufzt Beate R., »und erst wenn er alles mit ihr durchgehechelt hat, werde ich unterrichtet. Immer wieder muß ich mir anhören: ›Mama meint ..., Mama sagt aber ..., Mama ist der Ansicht ...‹ Ich kann das einfach nicht mehr hören!«

Beate R. ist kein Einzelfall. Jede zehnte deutsche Ehefrau – so der Soziologe Dr. Werner Habermehl – hat ein »Muttersöhnchen« geheiratet. Wenn es um familiäre oder berufliche Entscheidungen geht, bespricht er diese nicht mit seiner Frau, sondern mit der Mutter. Kein Wunder, daß es in solchen Partnerschaften oft kriselt, ja, daß sie nicht selten sogar in die Brüche gehen.

Wie kommt es, daß sich viele gestandene Männer auch nach der Eheschließung immer noch so stark zu ihrer Mutter hingezogen fühlen? Psychologen sprechen von einem Ödipus-Komplex – einer frühkindlichen Bindung an den Elternteil des anderen Geschlechts.

Jedoch ist bei den Mädchen der Hang zum Vater nicht so ausgeprägt wie die Bindung der Jungen an die Mutter. Psychologen und Erziehungswissenschaftler der Universität Pennsylvania (USA) stellten anhand einer Untersuchung fest: »Söhne sind mit diesem Problem fünfmal häufiger belastet als Töchter.«

Nun könnte man ja einfach sagen: Wenn ein Mädchen feststellt, daß ein junger Mann ein »Muttersöhnchen« ist, brauche es nur die Finger von ihm zu lassen – ihn also erst gar nicht heiraten. Das ist leichter gesagt als getan: Denn das »Muttersöhnchen« zeigt sein wahres Gesicht erst nach einigen Jahren. Während der Verlobungszeit und in den ersten Jahren der Ehe verehrt er seine Frau auf fast devote Weise – um sie später zu erniedrigen. Weil er dann wieder seine Mutter »entdeckt« hat. Sie erhebt er fast zur Madonna. Neben ihr müssen zwangsläufig alle anderen Frauen verblassen.

Die »Muttersöhnchen« sind meist Einzelkinder und ihre Mütter starke, herrschsüchtige Frauen, die schon ihre Ehemänner unterdrückt haben. Ähnlich war die Situation bei Werner R. Als er sieben Jahre alt war, ließ sich sein Vater von der Mutter scheiden.

Diese war über die Trennung sehr enttäuscht und nicht mehr bereit, eine neue Bindung mit einem Mann einzugehen. Dafür wurde der Sohn ihr ein und alles, sie klammerte sich derart an ihn, daß Werner R. mit den Jahren eine Art »Ersatzmann« für sie wurde.

Dies hatte schwere Konsequenzen für den Mann. Die alte Dame nahm ihn mit Haut und Haaren in Besitz – Jahr für Jahr steigerte sich seine Abhängigkeit von ihr.

Auch nachdem Werner R. seine Beate geheiratet hatte, war er stets für seine Mutter da. Unermüdlich sorgte er für sie. Natürlich nahm er alle Reparaturen und Verschönerungsarbeiten im mütterlichen Heim selbst vor, was ihn zuweilen tagelang in Anspruch nahm. Selbstverständlich telefonierte er tagtäglich mit ihr, samstags kaufte er für sie ein, und er besprach sämtliche Probleme mit ihr. Seine Frau? Ach, die – die sollte sich lieber um den Haushalt und die Erziehung der kleinen Tochter kümmern!

Doch eines Tages kommt's zum großen Knall: »Mutter fährt diesmal mit uns in den Urlaub«, eröffnet Werner R. seiner Frau. »Sie hat ja sonst niemanden ...«

Beate R. steht da und starrt ihn einen Moment fassungslos an. Dann brennt bei ihr die Sicherung durch.

»Entweder deine Mutter oder ich!« ruft sie und droht mit Scheidung.

Ob er durch diese Drohung zur Besinnung kommt? Psychologen sind sich da nicht so sicher. Ihrer Meinung nach müssen Frauen, die mit einem »Muttersöhnchen« verheiratet sind, auf jeden Fall sehr energisch sein und »freundlich, aber bestimmt« ihren eigenen Willen gegenüber Ehemann und Schwiegermutter durchsetzen. Selbst auf die Gefahr hin, zu Unrecht in den Ruf zu gelangen, ein »Satansbraten« oder »Hausdrache« zu sein.

Vorsicht vor den »Fürsorgerinnen«!

Nahezu genauso schlimm, wenn auch ganz anders geartet als die »Hausdrachen« ist eine bestimmte Spezies von Ehefrauen, vor der eindringlich gewarnt werden muß. Es handelt sich um jene tyrannischen Fürsorgerinnen, die ganz und gar in der Verwöhnung des Mannes aufgehen und nichts anderes kennen als das Wohl der Familie. Die ihren Mann »ganz genau« kennen, die allein wissen, was dem Manne frommt und bekommt. Die ihm aus lauter Fürsorge – oder Sorge – die Zigaretten zuzählen und die Schnapsflaschen vor ihm verstecken. Die ihm klarmachen, daß der Abend im Kaninchenzüchterverein ihm zuviel von seinem kostbaren Schlaf raubt, daß der Stammtisch ihn zu sehr von seiner Arbeit ablenkt, daß sein Besuch bei Freunden überflüssig ist und daß lediglich der Abendspaziergang mit der werten Gattin und der Sonntagsspaziergang mit der Familie für ihn anregend und gut für seine Gesundheit ist.

Elvira P. (47) ist so eine fürsorgliche Tyrannin. Abend für Abend legt sie ihrem Mann die Wäsche hin: Anzug, Hemd, Schlips, Taschentuch. Und sie nimmt ihm jede äußerliche Kleinigkeit ab. So schaffte sie es, daß ihr Mann Christian immer wieder zu ihr zurückkehrte, weil keine andere Frau es fertigbrachte, ihm »seine« Ordnung zu geben, ihm das Hemd genau rechtwinklig zur Unterhose auf den Stuhl zu legen, ihm um Punkt acht Uhr dreißig den heißen Kaffee, zwei geschmierte Brötchen, ein Viereinhalb-Minuten-Ei auf den Tisch zu stellen und die Zeitung danebenzulegen. So konnte sie, trotz dessen Brummigkeit und Tyrannei, den Mann immer wieder zurückholen, wenn er zuweilen ihrer Bevormundung zu entrinnen versuchte.

Warum sind nur die Männer so häufig für diese tödlich langweilige Ordnung, diese unproduktive und sinnlose Regelmäßigkeit? Bisher konnte diese Frage noch nicht beantwortet werden. Sicher ist aber, daß viele listige Frauen die männliche Ordnungsliebe als Köder benutzen, um ihn einzufangen, seine Pingeligkeit als Leine, um ihn zu lenken und zu zügeln.

Und es gibt noch raffiniertere Arten, um einen Mann an

sich zu ketten. Zum Beispiel machte sich die Frau des Schauspielers Peter K. unentbehrlich. Sie »hat alles im Griff«, indem sie dafür sorgt, daß er sich um geschäftliche Dinge überhaupt nicht kümmern muß. Helga K. verhandelt mit den Filmfirmen, spricht mit den Agenten, macht die Verträge. Selbstverständlich kümmert sie sich um die Steuererklärung und geht auch zum Finanzamt. Und natürlich schreibt sie ihrem Mann vor, mit welchen Presseleuten er sprechen, welche Gesellschaftskreise er aufsuchen darf.

Helga K. tut das alles aber weniger aus Liebe. Bei all ihren Tätigkeiten spielt immer eine gewisse Angst mit: Weil sie nicht gerade eine Schönheit ist, versucht sie deshalb auf diese Weise, der weiblichen Konkurrenz zu begegnen.

Sollte man Frauen wie Helga K. ihre Fürsorge übelnehmen, wenn sie diese aus Egoismus als Waffe und Fessel einsetzen? Zumal manche Männer angekettet werden müssen, weil sie sonst in die Irre laufen? Nein, man kann es ihnen nicht verargen. Aber es ist schon schlimm, wenn sich diese Frauen dann als liebende Sklavinnen hinstellen, während sie ihren Mann fürsorgend bevormunden und ihm keine Freiheit, kein eigenes Leben, nicht einmal eigene Gedanken gestatten.

Die normale Fürsorge ist dagegen ein klares und anständiges Geschäft. Man ist sich bewußt, was man gibt und dafür bekommt. Gefährlich sind aber jene Frauen, die sich als aufopferungsvolle Engel darstellen, auf diese Weise die Männer einfangen und sofort beginnen, sie in ihrer Entwicklung zu beschneiden, sie ihrer Selbständigkeit berauben und auf die Stufe eines pubertierenden Jungen zurückschieben.

Oftmals ist die tyrannische Fürsorge der Frauen nichts anderes als Herrschsucht. Doch zuweilen lassen sie sich auch von Versagern und Faulpelzen brutal ausnutzen – und fühlen sich sogar wohl dabei! Weil sie als »Beschützerinnen« einfach nicht zur Kenntnis nehmen wollen, wie sehr sie ausgenommen werden.

Petra F. (27) war Modedesignerin, eine vorzügliche sogar. Und Alexander W. (28), ihr Verlobter? Ja, was war er eigentlich? Ein gutaussehender Mann. Groß, schlank, blauäugig, braunhaarig. In seiner Jugend war er Tischtennismeister seiner Schule. Doch ein Jahr vor dem Abitur brach er die Schulausbildung ab, weil er unter unüberwindlicher Examensangst litt. So wurde er ein kleiner städtischer Angestellter. Immer wieder nahm er sich das Inspektoren-Examen vor. Aber er schaffte es nicht.

»Alexander«, schlug Petra F. eines Tages vor, »ich halte es für das Beste, wenn du deine Stellung kündigst und deinen künstlerischen Neigungen nachgehst. Bei deiner Begabung müßtest du sicher Erfolg haben.«

Da strahlte er. Und als er sie in die Arme nahm, flüsterte er: »Ja, du hast recht. Ich werde Geschichten schreiben und bald ein berühmter Schriftsteller sein.«

So setzte er sich hin und schrieb auch ganz nette Kurzgeschichten. Aber keiner wollte sie veröffentlichen. Da begann er, kleine Aquarelle zu malen. Denn nun hatte er beschlossen, ein Maler zu werden. Petra fand sogar einen Galeristen, der sich bereit erklärte, Alexanders Bilder auszustellen. Viele Besucher kamen und betrachteten die Aquarelle. »Sehr hübsch«, sagten sie. Aber kaufen wollte keiner. Dann heiratete Petra ihren Alexander. Und die junge Frau blieb ihrem Beruf als Designerin treu. Sie verdiente das Geld, er saß zu Hause und spielte auf seiner Trompete. »Ich will Musiker werden!« hatte er zu seiner Frau gesagt. Darüber freute sie sich. Er hat das Talent dazu, dachte sie, sicher wird er es schaffen!

Aber zunächst schaffte er es, daß sie ihre Wohnung räumen mußten. Denn Alexander W. hatte so intensiv geübt, daß der Vermieter dem jungen Paar kündigte.

»Das macht nichts«, sagte Petra W. zu ihrem Mann. »Ich bin sowieso der Meinung, daß wir in die Stadt ziehen müssen. Denn du brauchst doch Anregungen!«

Alexander W. nickte. Und wieder nahm er seine Frau in die Arme. »Ja, laß uns in die Stadt ziehen. Da lerne ich die richtigen Menschen kennen. Und werde Erfolg haben!«

Aber in der Stadt richtete Alexander W. erst einmal die neue Wohnung ein. Ein halbes Jahr lang tischlerte er, tapezierte die Wände und bezog Möbel. Das machte ihm Spaß. Und als die

Wohnung eingerichtet war, malte und schrieb er wieder. Immer weniger. Schließlich tat er gar nichts mehr. Er hatte nur noch Pläne. »Bald komme ich ganz groß raus«, versprach er immer wieder. Und seine Frau nickte brav. »Alexander kommt gegen die Realitäten des Alltags nicht an«, erklärte sie ihren Bekannten. »Man muß ihn eben beschützen.«

Alexander W. genoß das süße Leben. Während seine Frau der Arbeit nachging, saß er zu Hause oder mit Freunden in der Kneipe. Und sie las ihm jeden Wunsch von den Augen ab, schenkte ihm Gemütlichkeit, Ruhe und Zärtlichkeit. Wenn er mal etwas tat und keinen Erfolg hatte, tröstete sie ihn. »Du hast es schwer«, sagte sie. Oder: »Du kannst ja nichts dafür.« Oder: »Du wirst einfach nicht anerkannt.«

Und Petra W.? Sie fühlte sich in ihrer Beschützerrolle überaus wohl. Zwar urteilte sie sehr hart über die Versager und Nieten, über die Nichtskönner und Faulpelze in ihrer Berufswelt, aber wenn es um ihren Alexander ging, da hatte sie tausend Entschuldigungen parat. »Er ist zu schade für diese Welt«, erklärte sie einmal. »Er ist dem harten Existenzkampf nicht gewachsen.« Kurz darauf schenkte sie ihm zum Geburtstag ein Motorrad, »damit er seine Freiheit genießen kann«.

Ein Kind? Um Gottes willen, nein!

Doch im Laufe der Zeit erwachte in Petra W. der Wunsch nach einem Kind, und sie beschloß, dies ihrem Mann so schonend wie möglich beizubringen.

»Liebling«, begann sie eines Abends und kuschelte sich im Bett ganz dicht an ihren Mann, »was würdest du davon halten, wenn wir zu dritt wären?«

Es entstand eine kleine Pause. Dann stieß er sie von sich, fuhr hoch und knipste die Nachttischlampe an. »Waaas? Zu dritt? Was soll das heißen?«

»Ganz einfach«, lächelte sie. »Ich möchte wissen, ob du gern Vater werden willst.«

Alexander W. blickte sie entsetzt an. »Willst du damit sagen, daß du schwanger bist?« sprudelte es aus ihm heraus. »Nein, das darf nicht sein! Gleich morgen gehst du zu einem Arzt, der das Baby wegmacht.«

»Aber Alexander!« Petra W. hatte sich ebenfalls aufgesetzt und legte ihre Hände auf seine Schultern. »Ich bin nicht schwanger. Ich wollte nur einmal wissen, was du davon hieltest, wenn wir beide ein Kind hätten.«

Er antwortete nicht, aber in seinem Hirn arbeitete es fieberhaft. Ein Kind? Das wäre entsetzlich! Dann würde sich Petra nur noch um das Baby kümmern, und er wäre das fünfte Rad am Wagen. Vielleicht käme sie sogar auf die Idee, daß er sich eine Arbeit suchen solle – nicht auszudenken!

»Nein«, sagte er, »ein Kind kommt mir nicht ins Haus!«

Für ihn war damit das Thema erledigt, jedoch nicht für seine Frau. Aber sie ließ ihn einige Wochen lang mit ihrem Wunsch nach einem Kind in Ruhe. Vielleicht überlegt er es sich noch einmal, hoffte sie insgeheim. Sicher muß er sich erst einmal mit dem Gedanken anfreunden.

Doch ihre Hoffnung trog. Denn als sie ihren Ehemann erneut um ein Kind bat, wurde er zornig. »Jetzt hör mir mal genau zu«, sagte er mit schneidender Stimme. »Ich habe dir schon vor einigen Wochen gesagt, daß ich kein Kind will. Es würde mir nur im Weg sein.«

Petra sah ihn mit großen Augen an. »Aber Alexander«, versuchte sie einen Einwand, »ich verstehe gar nicht, wieso du ...«

Er machte eine abwehrende Handbewegung. »Ein Kind schreit nur, es muß gefüttert und gesäubert werden. All das würde mich bei meiner Selbstverwirklichung stören, verstehst du?«

Nein, sie verstand ihn nicht. Und zum erstenmal während ihrer Ehe wurde Petra trotzig. »Ich will aber ein Kind«, rief sie, »und wenn ich heimlich die Pille absetze!«

Das war zuviel! Alexander sprang von seinem Stuhl auf und kam drohend auf sie zu. »O nein, das wirst du nicht tun«, sagte er mit einem gefährlichen Unterton in der Stimme. »Du wirst schön weiter die Pille schlucken – und wenn ich sie dir jeden Abend reindrücken muß!«

Seit dieser Auseinandersetzung hatte Petra W. nie wieder mit ihrem Mann über ein Kind gesprochen – fürchtete sie doch, daß sie ihren Alexander verlieren könnte. Da verzichtete sie lieber auf das Mutterglück – sie hatte ja einen Menschen, den sie verwöhnen konnte.

So gingen die Jahre ins Land. Petra W. schuftete sich ab, um den Lebensunterhalt für sich und ihren Mann zu verdienen, während er immer neue, hochtrabendere Pläne schmiedete. »Du wirst sehen, bald komme ich ganz groß heraus«, versprach er immer wieder. Dann nickte sie – weil sie auch daran glaubte.

Eines Tages hatte Alexander W. wieder einmal eine glorreiche Idee. »Ich werde ein Buch schreiben«, verkündete er stolz. »Es soll ein Roman über den Aufstieg und Fall einer Fabrikantenfamilie werden.«

Er setzte sich also hin und begann, über die Handlung des Buches nachzudenken. Aber es mangelte ihm an den zündenden Ideen. »Es liegt an meiner Umwelt«, klagte er. »Ich muß eine ganz andere Gegend um mich haben, damit ich die richtigen Eingebungen bekomme.«

Flugs packte er die Koffer. Das heißt: Petra W. tat es, sie brachte ihn auch zum Bahnhof, wo er den Zug nach Bad Reichenhall bestieg. Dort angekommen, war er von der herrlichen Bergwelt überwältigt. Ja, diese Gegend war genau richtig – hier würde er seinen Roman verfassen.

Aber dazu kam er nicht. Denn eine hübsche Dame kreuzte seinen Weg – und nicht nur den. Bald verbrachten Regina L. (26) und Alexander W. jeden Tag – und jede Nacht – zusammen. Der Roman? Ach, der konnte warten. Regina L. war wichtiger. »Ich liebe dich«, seufzte sie. »Ich dich auch«, flüsterte er. Und an seine Frau schrieb er: »Herzliche Grüße« ...

Dann fuhren sie gemeinsam nach Hause, denn Regina wohnte zufällig in der Nähe von Alexander W.. Auf dem Bahnhof nahm er seine Frau Petra in die Arme – und eine Woche später verließ er sie, denn es zog ihn zu seiner Urlaubsliebe. »Ich kann ohne Regina nicht mehr leben«, hatte er seiner Frau erklärt. »Sie hat meinem Leben einen neuen Sinn gegeben.«

Seine Frau hatte ihm ruhig zugehört. Sie machte auch keinen

Versuch, ihn zurückzuhalten. Diese Liebe ist nur ein Strohfeuer, tröstete sie sich. Eines Tages wird Alexander zur Besinnung kommen.

Doch bisher ist er bei Regina L. geblieben. Seit über einem Jahr lebt er mit ihr zusammen. Natürlich arbeitet er nicht – seine Geliebte ist Fremdsprachenkorrespondentin und verdient genug. Also, warum sollte er?

Sie kann ihn nicht aufgeben

Manchmal besucht Alexander W. seine Frau. Dann macht sie sich für ihn besonders hübsch, backt einen Kuchen – und jedesmal gibt sie ihm Geld. Er muß doch etwas zum Leben haben, sagt sie sich immer wieder. Doch insgeheim hofft Petra W., daß sie ihn damit zurückholen kann ...

Viele hilfsbereite Frauen werden von den schwachen, versinkenden Männern angezogen wie die Motten vom Licht. Einen Mann, der ihre Hilfe nicht benötigt, können auch sie nicht gebrauchen. Er muß tief im Unglück sitzen. Er muß – das ist die besondere Gabe schwacher Männer – immer wieder zusammenbrechen und »am Ende« sein, damit er ihre Aufmerksamkeit erregt, ihre Hilfsbereitschaft erweckt.

Liebt so ein Mann eigentlich seine »Beschützerin«? Nun, in den meisten Fällen wird sie von ihm nur ausgenutzt. Er hängt an ihr mit Zentnergewichten. Und nachdem er seine Sorgen bei ihr abgeladen hat, ist er erleichtert. Sie kann dann zusehen, wie sie mit seinen und zusätzlich ihren eigenen Problemen fertig wird.

Die meisten »Beschützerinnen« werden um ihr Lebensglück betrogen. Sie ahnen das, aber sie können nicht leben, ohne zu retten. Dabei ist ihnen selbst nicht zu helfen, weil die »Beschützerin« an einem Mann, dem es einigermaßen gut geht, der sein Leben meistert, kein Interesse findet.

Auch früher hat es Frauen gegeben, die mit mehr oder weniger Erfolg schwache Männer durchgeschleppt haben. Das waren aber meist solche, die sich in der Wahl des Lebenspartners geirrt hatten und dann durch Aufopferung und kluge Beharrlichkeit ihre Ehemänner führten und so zu einem einigermaßen ordentlichen Leben verhalfen. Das heutige weibliche Beschützen ist ganz anders, weil es sich dabei um Frauen handelt, die durch Können und Engagement in ihrem Beruf so erfolgreich sind, daß sie einen Mann sowohl seelisch als auch materiell durchzuschleppen in der Lage sind.

Wobei aber gleich gesagt werden muß, daß diese Selbständigkeit nichts mit Emanzentum zu tun hat. Die Frau von heute mußte sich aufgrund der geänderten Zeiten solcherart entwikkeln – und man erwartet von ihr auch ein dementsprechendes Auftreten. Soll das heißen, daß der Mann als Beschützer überflüssig geworden ist? Nein! Gerade jene Frauen, die tagtäglich im Beruf ihren Mann stehen müssen, brauchen unbedingt den Ausgleich der gelegentlichen Passivität, die Augenblicke, in denen sie wieder einmal wie Efeu sein können, der sich an einer starken Wand emporranken kann – genauso, wie die meisten Männer ohne die weibliche Fürsorge nicht auskommen können. Wenn also die Partner eine frauliche und liebevolle Fürsorge und ein ritterliches Beschützertum bedarfsweise austauschen, ohne in gegenseitige Bevormundung zu verfallen, dann werden zahlreiche Ehekrisen erst gar nicht stattfinden.

6

Niemand ist vollkommen

Von Heiratsschwindlern lernen

Oder die Männer lernen von den Heiratsschwindlern. Zwar sind diese Herren keine großen Verführer, aber sie haben eins: Verständnis für die geheimen Wünsche und Schwächen der Frauen.

Ein Heiratsschwindler, der zum Angriff übergeht, unternimmt alle Anstrengungen, die Isolierung zu durchbrechen, in der sich alleinstehende Frauen gefangen sehen.

Und es sind mehr Frauen allein, als Ehemänner allgemein glauben. Allein ist auch eine Ehefrau, deren Mann morgens um halb acht die Aktentasche nimmt und sich mit einem flüchtigen Kuß verabschiedet. Er vergißt, daß seine Frau nun den ganzen Tag in ihrem Haushalt isoliert ist und für eine Aufmerksamkeit dankbar wäre.

Ein Heiratsschwindler würde so etwas nie vergessen. Er vergißt die Blumen nicht, die Pralinen, das Glas Sekt am Abend, und die Frau genießt durch diese Aufmerksamkeiten nicht nur das offensichtliche Ende ihrer Vereinsamung, sie genießt zusätzlich auch noch ein besonderes Triumphgefühl: Wenn sie von einem Mann derart verehrt wird, muß ihr dieser unterlegen sein. Sie glaubt, die überlegenere Rolle zu spielen. Und das macht sie glücklich, auch wenn es nur eine Illusion ist.

Diese banale und doch so schöne Möglichkeit hat auch jeder Ehemann. Warum nutzt er sie nicht aus?

Zwar muß er nicht jeden Tag mit einem Strauß Rosen nach Hause kommen, aber er darf die eine Rose am Wochenende nicht vergessen, auf die es ankommt. Er hat im Büro natürlich ein Telefon auf dem Schreibtisch, aber er würde nie auf die Idee kommen, einmal seine Frau anzurufen, damit sie das Gefühl hat, daß er an sie denkt. Statt dessen benutzt er es meist nur, um ihr mitzuteilen, daß es mal wieder später werden könnte.

Ehemänner übersehen auch oft, was Heiratsschwindler niemals außer acht lassen: Frauen wollen viele Entscheidungen gemeinsam mit dem Mann treffen. Deshalb gehört es zu den selbstverständlichen Berufsregeln der Gauner, über neue

Möbel zu diskutieren, in ein Möbelgeschäft mitzugehen, über die Anschaffung einer Waschmaschine zu reden und gemeinsam mit den Frauen die Tapeten auszuwählen. Sie nehmen also die Welt der Frau ganz ernst, respektieren die Sehnsucht nach Mitverantwortung und den »Nesttrieb«.

Es ist also nichts Sensationelles, was Ehemänner von Heiratsschwindlern lernen können. Sondern nur die Erkenntnis, daß es Kleinigkeiten sind, die Frauen glücklich machen; Kleinigkeiten, die viele Männer beherrschten, als sie noch verliebt und überaus höflich zu ihrer Angebeteten waren.

Aber Höflichkeit in der Ehe – ist so was überhaupt möglich? Schließlich lebt man ja oft schon jahrelang zusammen, hat sich gegenseitig abgeschliffen, und da muß ja wohl auch die Höflichkeit auf der Strecke bleiben, oder?

Irrtum! Die Höflichkeit in der Ehe darf niemals enden – sie kann aber zwischen den Partnern nur gegenseitig sein. Sonst führt sie leicht zu einer Unterdrückung des Höflicheren. Das muß aber nicht immer so sein. Denn eine nie aufhörende Höflichkeit des einen Partners besiegt oft genug den Egoismus des anderen. Ja, sie hat in der Ehe sogar die größte Bindekraft und stellt jene Übereinstimmung von Frieden und Harmonie her, die allein eine Ehe ertragreich macht. Allerdings birgt die Höflichkeit in der Ehe auch eine Gefahr. Gemeint ist die Nachgiebigkeit, mit der man jedem Konflikt aus dem Weg gehen will.

Höflichkeit ist keine Schwäche!

Es gibt genug Männer, die aus Angst vor ihren allzu dominanten Frauen jenen immer wieder recht geben, sie stets verwöhnen, ständig um sie besorgt sind. Diese Art des Taktierens ist naturgemäß eine Schwäche und bekommt beiden Ehepartnern schlecht, vor allem den ausnutzerischen Frauen.

Aber die wahre Höflichkeit kann niemals eine Schwäche sein. Sie kann jedoch zur Waffe werden, wenn sie nicht auf Anlage und Erziehung beruht, sondern auf kluger Berechnung.

Man stelle sich eine Auseinandersetzung vor, bei der der

eine Partner schreit, ausfällig wird oder tobt. Wenn nun der andere höflich bleibt, ist er fast immer der Überlegene. Die laute Rede wird zum mißtönenden Schall, die leise, höfliche bleibt verständlich. Nach einer Weile wird der Schreihals merken, daß er mit seinem Gebrüll nicht weiterkommt; er wird sich schämen, zur Vernunft kommen, sich zu Sachlichkeit und einem ruhigen Ton zwingen. Die Höflichkeit hat gesiegt.

Andererseits darf die gegenseitige Höflichkeit in der Ehe aber auch nicht zur Erstarrung führen, hinter der sich die durchaus unhöflichen Dinge verbergen, die man vielleicht seit langem auf dem Herzen hat. Hinter dieser starren Schutzmauer kann sich Höflichkeit sogar zu Heuchelei wandeln. Wenn der eine Partner beispielsweise durch die leidigen Gewohnheiten des anderen zuerst gestört und schließlich gequält wird. Denn man wird durch die schlechten Gewohnheiten des anderen gestört, wenn man ihn gründlich satt hat. Die guten bemerkt man meist überhaupt nicht mehr.

Es gibt außerordentlich liebenswerte Frauen, die ständig in atemlosem Tempo die Wohnung durcheilen, um den Staub und die Unordnung von einer Ecke zur anderen zu tragen.

Etliche andere kommen gar nicht auf den Gedanken, daß ihre schlechten Angewohnheiten, etwa Verschwendungssucht, Schwatzhaftigkeit, Interessenlosigkeit oder Kritiksucht, Zumutungen sind, die der Mann eine Zeitlang gutwillig, dann wütend, schließlich verzweifelt und zum Schluß gar nicht mehr erträgt.

Und viele Frauen kommen nicht darüber hinweg, daß der Mann unmittelbar nach Betreten der Wohnung die Pantoffel anzieht, sich mit einer stinkenden Zigarre und Bier vor den Fernseher hockt oder mit Hosenträgern auf dem Balkon sitzt. Daß er die Serviette in den Kragen steckt, anstatt sie auf die Knie zu legen. Daß er nicht im geringsten einsehen will, warum man den Kindern ein gutes Beispiel sein muß. Daß er nicht begriffen hat, daß die Unterschrift beim Standesamt kein Freibrief für schlechte Manieren ist.

Ein weiser Mann hat einmal in einem weltlichen Ehekatechismus geschrieben: »Vergeßt nie, daß ihr vor der Ehe Herr und Dame wart!« Leider wird das heute allzu schnell vergessen, obwohl es wirklich nicht schwer ist, von seinen leidigen Gewohnheiten zu lassen, wenn man seinen Partner liebt; wenn man ihn nur gern mag, wenn man auch nur einigermaßen gut mit ihm lebt. Es ist eine der segensreichsten Einrichtungen der Ehe, daß man sich aneinander abschleift und das ablegt, was einen lächerlich, albern und dumm erscheinen läßt. Eigentlich können nur diejenigen von ihren schlechten Eigenheiten nicht lassen, die ihren Partner nicht mögen; daher werden die meisten Eherüpeleien und leidigen Angewohnheiten aus dem Haß des einen gegenüber dem anderen erwachsen. Daß dann diese Angewohnheiten wiederum die Aversionen beim anderen nähren und vergrößern, ist ganz natürlich.

Etwas anderes ist es dagegen bei den Gewohnheiten, die im Charakter oder der Konstitution des Menschen begründet sind. Ein Morgenjubler und ein Abendmensch, ein Kaltwasserduscher und ein Warmwasserliebhaber oder Partner mit anderen gegensätzlichen Vorlieben können ihre seelisch und biologisch bedingten Gewohnheiten beibehalten, wenn der eine den anderen liebt – und wenn der eine seine eigenen Gewohnheiten nicht moralisch für wertvoller hält als die des anderen. Doch eine Zuneigung zwischen den Partnern muß schon vorhanden sein, wenn man die guten und schlechten Eigenheiten des anderen ertragen will. Daher sollte jeder Liebende gegen seine eigenen Gewohnheiten angehen – die meisten kann man sehr schnell ablegen. Übrigens: Im Kampf gegen die eigenen Unarten verjüngt und erneuert man sich; ob man von den Gewohnheiten aus Liebe zum Partner läßt oder aus Liebe zu sich selbst – es kommt fast immer das gleiche dabei heraus.

Männersünden

Welches sind nun die kleinen Sünden, die Mann und Frau das Zusammenleben vergällen? Hier eine kleine Aufzählung der schlechten Männergewohnheiten, über die sich die Frauen am meisten beklagen. Sie mögen nicht ...

»... daß mein Mann zu allen Leuten liebenswürdig, zu Hause aber mürrisch ist, mit der Begründung, irgendwo müsse sich der Mensch ja mal gehenlassen dürfen.«

»... daß mein Mann immer ›ich, ich, ich‹ und ›mein, mein‹ sagt, anstatt ›wir‹ und ›unser‹.«

»... daß mein Mann stets Beweise meiner Liebe erwartet, ohne selbst welche zu zeigen.«

»... daß mein Mann, obwohl wir beide berufstätig sind, das ›Müdesein‹ für sich allein beansprucht, mich im Haushalt alles allein machen läßt und für meine Arbeit kein Wort der Anerkennung findet.«

»... daß mein Mann, wenn ihm etwas ›über die Leber gelaufen‹ ist, zugeknöpft und verschlossen im Sessel sitzt und nicht dazu zu bewegen ist, sich auszusprechen.«

»... daß mein Mann immer der Meinung ist, alle anderen hätten seiner Meinung zu sein.«

»... daß mein Mann vor unseren Kindern flucht, von ihnen aber verlangt, nicht zu fluchen.«

»... daß mein Mann nie seine Schuld an Fehlern zugibt, weil er um seine Autorität besorgt ist.«

»... daß mein Mann von Reisen, die er allein unternommen hat, strahlend erzählt, sie seien die schönsten seines Lebens gewesen.«

»... daß mein Mann lautstark gähnt, wenn ich neben ihm sitze.«

»... daß mein Mann gegen acht Uhr abends ›mal eben Zigaretten holen‹ will, um gegen zwei Uhr nachts mit einer Alkoholfahne wieder zu erscheinen, nicht ohne mich zu wecken und zu fragen: ›Hast du etwa auf mich gewartet?‹«

»... daß mir mein Mann nach Gesprächen mit Freunden oder Bekannten völlig unbegründet Eifersuchtsszenen macht.«

»... daß mich mein Mann bei gesellschaftlichen Anlässen zur Zielscheibe seiner Witze macht.«

»... daß mein Mann ständig, auch beim Essen, seine Nase hochzieht.«

»... daß mein Mann nie meine neue Frisur oder ein neues Kleid bemerkt.«

»... daß mein Mann nie die Füße hebt und durch sein Schlurfen ständig die Teppichkanten umrollt.«

»... daß sich mein Mann mit meinem Kamm frisiert.«

»... daß mich mein Mann immer fragt, was ich mir zum Geburtstag oder zu Weihnachten wünsche, anstatt selbst mal etwas Phantasie zu zeigen.«

»... daß mein Mann bei Gesprächen prahlt und angibt, in Wirklichkeit aber nichts zur Sache zu sagen weiß.«

»... daß mich mein Mann, auch wenn wir allein sind, ständig mit ›Mutti‹ anspricht.«

Frauliche Fehler

Dies war nur eine kleine Aufstellung der weiblichen Klagen über den Ehemann, es gibt sicherlich noch Hunderte. Aber auch die Damen sind nicht fehlerlos. An ihnen bemängeln die Männer am meisten ...

»... daß mir meine Frau im Ehebett Gardinenpredigten hält oder ihre Wünsche für Neuanschaffungen anbringt.«

»... daß meine Frau unsere Wohnung wie ein Schmuckkästchen pflegt und ich mich entsprechend verhalten soll.«

»... daß meine Frau gegen jede Einladung ist, da die Gäste ›ja nur Dreck in die Wohnung bringen, nur Arbeit und Kosten machen und viel zu anstrengend sind‹.«

»... daß meine Frau zu Hause in alten Klamotten und ungekämmt herumläuft und sich nur für ihre Firma oder das Ausgehen schönmacht.«

»... daß meine Frau nie weiß, was sie anziehen soll, obwohl ihr Kleiderschrank zum Bersten gefüllt ist.«

»... daß mich meine Frau, sobald ich zu Hause bin, mit Aufträgen traktiert.«

»... daß mir meine Frau uralte Bräute vorhält, sie sich aber immer wieder gern an ihren ehemaligen Freund erinnert.«

»... daß meine Frau jedes kleine Geschenk mit der Frage entgegennimmt: ›Na, was hast du wieder ausgefressen?‹«

»... daß meine Frau an mich gerichtete Briefe liest.«

»... daß meine Frau, wenn ich ihr recht gegeben habe, hinterher stets erklären muß, was sie getän hätte, wenn ich anderer Meinung gewesen wäre.«

»... daß meine Frau so schrecklich unpünktlich ist.«

»... daß meine Frau mich bei jeder Gelegenheit, die ihr nicht paßt, mit anderen Männern vergleicht.«

»... daß mich meine Frau in aller Öffentlichkeit mit den idiotischsten Kosenamen anredet.«

»... daß meine Frau vor anderen Leuten mit mir über Dinge nörgelt, die nur uns beide angehen und mich durch ihr Verhalten vor den anderen lächerlich macht.«

»... daß mich meine Frau wegen jeder Kleinigkeit im Büro anruft und um meine Meinung fragt.«

»... daß meine Frau, wenn ich später aus der Firma nach Hause komme, mich auffordert, sie anzuhauchen, um so herauszufinden, ob ich in der Kneipe noch ein Bier getrunken habe.«

»... daß mich meine Frau jedesmal vor Verlassen des Hauses von der Krawatte bis zur Bügelfalte zurechtzupft, als wäre ich ein Schuljunge.«

»... daß meine Frau bei schlechten Manieren der Kinder immer behauptet: ›Das haben sie von dir!‹«

»... daß meine Frau immer wieder meinen Schreibtisch ›aufräumt‹.«

»... daß meine Frau ›ordnend‹ in mein Hobby eingreift, Rädchen und Schräubchen ›sortiert‹ und ihrer Meinung nach wertloses Zeug in den Mülleimer wirft.«

Launen sind schrecklich!

Zu den übelsten Angewohnheiten von Mann und Frau gehört allerdings die Launenhaftigkeit. Launische Menschen sind – ohne eigentliche Berechtigung durch äußere Einflüsse – einmal so, einmal so. Als Mitmensch weiß man nie so recht, wie man mit dem Launischen im nächsten Moment dran sein mag. Er ist eben »launisch«, wetterwendisch wie Aprilwetter.

Launenhaftigkeit ist eine Art negativer Kult mit sich selbst, sie zeigt das Spiegelbild eines disharmonischen Innenlebens.

Der Launenhafte traut sich nicht selbst über den Weg, traut dem Glauben an seine eigene Vollkommenheit nicht, schwebt über Regionen von Überheblichkeit, Selbstüberschätzung und Größenwahn, dann wieder zerfließt er vor Selbstmitleid und Gram über sein klägliches Los. Aus fehlgeleitetem Macht- und Geltungsstreben verfällt er in den Fehler, seine schwankenden Gemütslagen an seiner Umwelt abzureagieren – und besonders gern am Partner. Klar, daß so was die Ehe reichlich belastet, wenn der eine den anderen immer wieder mit seinen Launen unterdrückt. Aber wer seinen Partner liebt, kann sich diese leidige Angewohnheit mit einem gewissen Quantum Selbstdisziplin abgewöhnen.

Eine andere Sache sind die Stimmungen – »himmelhoch jauchzend – zu Tode betrübt«, wie GOETHE sagte. Gute und schlechte Tage sind etwas ganz Normales im menschlichen Leben. Nicht jeden Tag unterliegen wir Hochstimmungen, in denen wir mit einer unbändigen Lebenslust erfüllt sind. Es gibt auch Tage, an denen wir »verstimmt« und »niedergeschlagen« sind, die innere Harmonie ist zum Teufel. Wir leiden unter Depressionen, zweifeln an uns selbst, am Partner und der ganzen Welt. Kurz: Wir wollen »auf den Arm«, wollen unsere Streicheleinheiten.

Stimmungen beeinflussen uns alle mehr oder weniger, und sie sind – im Gegensatz zur Launenhaftigkeit – durchaus zu bejahen. Da wir jedoch von positiven und negativen, fördernden und hemmenden Stimmungen geprägt werden, sollten wir versuchen, die negativen so weit wie möglich zu überwinden und die positiven zu fördern, wo immer es geht.

Und wie wenden Sie das im eigenen Leben an? Ganz einfach, wenn Sie dabei systematisch verfahren:

- *Lächeln heitert auf.*
  Das klingt zwar einfach, aber geben Sie sich damit nicht zufrieden, weil ein falsches Lächeln, das zu plötzlich aufscheint und rasch vergeht, das nur den Mund und nicht die

Augen einbezieht, kein Glücksgefühl vermitteln oder entstehen lassen kann. Strengen Sie sich also an. Beginnen Sie stets mit einem leisen Lächeln, das Sie langsam zu einem Schmunzeln übergehen lassen. Dann lachen Sie einfach mal. Sollte Ihnen dabei nichts Lustiges einfallen, dann tun Sie wenigstens so. Zwar kann man seine Sorgen und Probleme nicht weglachen, aber wenn Sie ein bißchen Auftrieb brauchen, könnte dieses Lachen schon ein wenig bewirken.

Auch lautes Lesen ist hilfreich – allerdings sollten Sie keine tragischen Geschichten lesen, die Ihr Gemüt noch trauriger stimmen. Eines der besten Mittel, Trübsinn zu vertreiben, ist auch, Rätsel zu lösen. Oder sehen Sie sich einen lustigen Film an – und lachen laut dabei. Denn Ablenkung allein hilft im allgemeinen nicht. Erst Ihr eigenes Lachen wird Ihr Stimmungstief verscheuchen.

- *Gutes Aussehen stärkt Ihr Selbstbewußtsein.*
  Finden Sie mal wieder alles so »maßlos traurig«, sollten Sie sich so fein wie möglich machen. Wenn Sie nicht wissen, wie Sie dies angehen sollen, dann nehmen Sie sich jemand zum Vorbild, der das verkörpert, was Sie selbst gern sein möchten.

- *Seien Sie in Krisensituationen möglichst gelassen.*
  Und sollte es noch so dicke kommen – versuchen Sie ruhig zu sein, und Sie werden sich entspannen. Bewegen Sie sich beherrscht, nicht hastig und verkrampft. Sprechen Sie mit fester Stimme, verhaspeln Sie sich nicht. Panik steckt an, Gelassenheit aber auch.

- *Haben Sie Angst, dann versuchen Sie, sich zu entspannen.*
  Eine typische Entspannungstechnik besteht darin, daß man die Handmuskeln anspannt und sie anschließend langsam lockert. Verfahren Sie in gleicher Weise mit Arm-, Nacken- und Gesichtsmuskeln und so weiter durch den ganzen Körper bis hinunter in die Zehen. Oder stellen Sie sich vor, Sie befänden sich an einem erholsamen Ort: im Park oder am

Strand. Solche Entspannungsübungen können den Pulsschlag, die Atemfrequenz und den Sauerstoffverbrauch wie auch den Anteil der Milchsäure im Blut herabsetzen, von der man annimmt, daß sie Angstmomente auslöst.

Wie empfindlich sind Sie?

Aber wie sieht es eigentlich mit Ihrem Nervenkostüm aus? Sind Sie überempfindlich und daher schnell beleidigt? Reagieren Sie oft gereizt und neigen dazu, Ihre Mitmenschen zu verletzen? Oder haben Sie eher robuste Nerven? Testen Sie sich doch einmal:

1. Sind Sie schnell schlechter Laune, wenn Ihnen mal etwas gegen den Strich geht?
   Ja = 0; nein = 1.
2. Freuen sich Ihre Freunde und Bekannten, wenn Sie kommen?
   Ja = 1; nein = 0.
3. Ist es Ihnen gleichgültig, was andere Leute über Sie reden?
   Ja = 1; nein = 0.
4. Stehen Sie gern im Mittelpunkt?
   Ja = 0; nein = 1.
5. Diskutieren Sie auch mit Menschen, die anderer Meinung sind als Sie?
   Ja = 1; nein = 0.
6. Glauben Sie, daß Ihnen das Leben immer wieder unverdiente Enttäuschungen bereitet?
   Ja = 0; nein = 1.
7. Bekommen Sie leicht Krach?
   Ja = 0; nein = 1.
8. Schlägt Ihnen eine Schlechtwetterperiode manchmal aufs Gemüt?
   Ja = 0; nein = 1.
9. Bringt Sie unberechtigte Kritik völlig durcheinander?
   Ja = 0; nein = 1.

10. Glauben Sie, daß eine Enttäuschung auch ihre positive Seiten haben kann?
    Ja = 1; nein = 0.

Auswertung:
0 bis 2 Punkte: Sie sind wahnsinnig empfindlich, weil Sie unter Minderwertigkeitskomplexen leiden. In Ihrer Einbildung will Ihnen jeder an den Kragen, daher rasten Sie bei den geringsten Anlässen sofort aus. Versuchen Sie die Dinge leichter zu nehmen – und bald werden Sie feststellen, daß Ihre Schwarzmalerei völlig überflüssig war.
3 bis 5 Punkte: Sie neigen zur Überempfindlichkeit und sind ziemlich sentimental veranlagt, so daß es Ihr Partner zuweilen recht schwer mit Ihnen hat, weil Sie auf jede Kritik heftig reagieren. Andererseits mögen Sie es, wenn Ihnen der Partner nach dem Mund redet.
6 bis 7 Punkte: Hin und wieder machen sich bei Ihnen kleine Unsicherheiten bemerkbar, die Sie aber meist unter Kontrolle haben. Wenn Sie aber – was sehr selten passiert – einmal »aus der Haut fahren«, so ärgern Sie sich hinterher mehr darüber als der Partner, dem Sie Ihre Meinung gesagt haben.
8 bis 10 Punkte: Sie stehen mit beiden Beinen im Leben, sind selbstbewußt und können einfach nicht einschnappen, weil Sie Ihre Gefühle stets unter Kontrolle haben. Ihr ausgeglichenes Wesen ist zu beneiden, und daher wird es in Ihrer Ehe sehr harmonisch zugehen.

Falls nun Ihre Beziehung nicht so gut ist, wie sie sein sollte – was können Sie tun? Versuchen Sie es einfach mit einem neuen Anfang, indem Sie folgende Verhaltensweisen in die Praxis umsetzen:

- *Sagen Sie mal wieder: »Ich liebe dich!«*
  Glücklich Verheiratete drücken ihre Liebe in Worten aus. Natürlich tun sich manche Partner schwer damit – falls es Ihnen auch so geht, dann bedenken Sie: Das Aussprechen dieser drei Wörter kann wie eine liebevolle Berührung sein.

- *Seien Sie zärtlich zueinander.*
  Sich liebende Ehepartner halten gern die Hand des anderen, nehmen ihn immer wieder in den Arm und schmusen miteinander.

- *Drücken Sie gegenüber dem Partner Ihre Bewunderung und Wertschätzung aus.*
  Liebende Partner reden über das, was ihnen am anderen gefällt – ob es nun eine kluge Bemerkung war, die er auf einer Party fallenließ, ob es die Art ist, wie er sich kleidet, oder ein Essen, das er zubereitet hat. Er zeigt, daß er stolz auf den Partner ist und sich über ihn freut.

- *Seien Sie offen zueinander.*
  Glücklich Verheiratete offenbaren ihr Innerstes dem Partner mehr als jedem anderen. Sie teilen ihre Gedanken, Gefühle, Hoffnungen und Wünsche, aber auch Ärger, Kränkungen, Sehnsüchte und die Erinnerungen an peinliche oder schmerzliche Erfahrungen.

- *Geben Sie einander Halt.*
  Glückliche Eheleute sind in Krisenzeiten, bei Krankheiten und Problemen stets füreinander da. Sie sind die besten Freunde und hegen und pflegen sich gegenseitig.

- *Zeigen Sie sich Ihre Liebe durch Geschenke.*
  Glückliche Ehepartner beschenken sich öfter als zu den üblichen Anlässen, oder sie nehmen dem anderen einen Teil seiner häuslichen Aufgaben ab. Dabei spielt der Wert des Geschenks keine Rolle. Was zählt, ist einzig und allein die Absicht, dem anderen eine Freude zu machen.

- *Akzeptieren Sie Ansprüche des anderen und finden Sie sich mit seinen Unzulänglichkeiten ab.*
  Anforderungen und Schwächen gibt es in jeder glücklichen Partnerschaft – denen kluge Ehepartner mit Wohlwollen und Takt begegnen. Für beide ist es selbstverständlich, daß

die positiven Seiten des anderen die Unzulänglichkeiten mehr als wettmachen. Was aber nicht heißen soll, daß sie zuweilen den Partner nicht bäten, bestimmte Verhaltensweisen zu ändern. Dabei sollten die Schwierigkeiten jedoch nicht überbewertet werden.

- *Nehmen Sie sich Zeit für die Zweisamkeit.*
  Unter dem, was in einer harmonischen Ehe beiden Partnern als wichtig erscheint, rangiert das Zusammensein ganz oben. Ihnen ist bewußt, daß Liebe Aufmerksamkeit und Zeit verlangt, daher lassen sie sich ungern auf Beschäftigungen ein, die sie voneinander trennen. Dazu gehören auch die sogenannten »gesellschaftlichen Verpflichtungen«: Besuche bei Freunden und Bekannten können zwar sehr schön sein, sie sind aber kein Ersatz für das Alleinsein zu zweit.

- *Genießen Sie die Sexualität als Ausdruck Ihrer Liebe.*
  Für glücklich verheiratete Partner bleibt das intime Beisammensein auch nach den ersten leidenschaftlichen Jahren überaus wichtig – was jedoch nicht heißen soll, daß der Sex als das wichtigste Element einer Ehe anzusehen ist. Zwar verhalten sich glücklich verheiratete Paare in bezug auf die Häufigkeit unterschiedlich, doch ist es für sie immer wieder ein großes Anliegen, dem anderen die Liebe körperlich zu beweisen.

7

Liebe und Sex sind zwei Paar Schuhe

Kann man Liebe und Sex trennen?

Jedoch: Braucht man zur Liebe wirklich den Sex? Sex gibt es auf der Welt, seit Leben auf ihr existiert. Das brauchen wir nicht erst zu beweisen, denn ohne Sex wäre alles Leben längst ausgestorben.

Aber wie ist es mit der Liebe? Darüber sind die Meinungen sehr unterschiedlich. Selbst die Wissenschaftler geraten über dieses Thema aneinander. Die einen behaupten, Liebe und Sex seien nicht voneinander zu trennen. Denn erlebe man nicht täglich herzzerreißende Liebesgeschichten unter den Tieren?

»Nein«, sagen die anderen. »Die Liebe ist nicht nur eine menschliche Erfindung, es gibt sie auch erst seit kurzer Zeit. Zumindest, was wir heute unter Liebe verstehen, nämlich die romantische Zuneigung zweier Menschen zueinander, gibt es erst seit dem Mittelalter. Sie wurde von den Troubadouren erfunden.«

Stimmt diese These jener Wissenschaftler, dann ist die Religion schuld an der Entstehung der Liebe. Denn sie hat Seele und Körper streng voneinander getrennt. Und nur aufgrund dieser Trennung kann man von körperlicher und seelischer Liebe sprechen.

Aber in diesem Punkt erhebt sich ein neues Problem: Gibt es überhaupt die »reine« Liebe? Diese Liebe, die man fälschlich als »platonisch« bezeichnet, denn der griechische Philosoph PLATON pflegte alle Formen der körperlichen Liebe, auch die unter Männern. Und er propagierte keineswegs, daß nur die Seele an der Liebe teilhabe. Er forderte nur, daß alle sexuellen Beziehungen immer durch erhabene Gefühle geadelt werden müßten.

Wenn ein junger Mann, der sein Mädchen ein paarmal zum Tanzen ausgeführt hat, seiner Freundin den Vorschlag macht, doch »auf eine Tasse Kaffee« mit in seine Wohnung zu kommen, dann ist sie mit großer Sicherheit pikiert.

»Mein Gott, mußt du immer an das eine denken?« wird sie empört fragen. Und wird damit unausgesprochen meinen: Alle Männer sind gleich, sie wollen uns doch nur in ihr Bett bringen und ihre primitiven Gelüste befriedigen. Unsere Großmütter pflegten dann noch hinzuzusetzen, daß die Männer doch nur den Körper der Frauen wollen und kein Interesse an ihrer Seele haben.

Gewiß gibt es Männer, deren alleiniges Ziel es ist, ihr sexuelles Verlangen zu befriedigen. Aber das bedeutet noch lange nicht, daß ein Mann, der seine Partnerin begehrt, zynisch und bar jedes romantischen Gefühls sei. Wahrscheinlicher ist, daß er nicht genau weiß, was er will, oder daß er alles auf einmal möchte: das Herz seiner Partnerin und ihren Körper.

Und wenn die Frauen mit ihrem Vorwurf recht hätten, daß alle Männer nur »das eine« wollten, wäre das denn so furchtbar? Ist nicht auch schon das körperliche Verlangen nach einer Frau ein Kompliment an ihren Charme, ihre Schönheit?

Sicher werden bei der Freizügigkeit der Sitten heutzutage viele Verbindungen eingegangen, ohne daß die Partner großartige Gefühle füreinander hegen: kurzlebige Bettgeschichten. Abenteuer ohne Zukunft. Aber muß man dies allein den Männern anlasten?

Psychologen meinen, daß die mißtrauische, abwehrende, ja oft feindliche Haltung einer Frau ebenso schaden kann wie die männliche Ungeduld, die der Partnerin noch nicht einmal die Zeit läßt, freundschaftliche Gefühle oder Sympathie für den Mann zu entwickeln.

Jene Frauen, die »die reine Liebe« fordern, sind meist Opfer einer Erziehung, die ihnen eingebleut hat, daß alles, was auch nur im entferntesten mit Sex zu tun hat, schmutzig und nur die Seele rein sei.

Übrigens kann auch am Anfang einer Liebe nur das körperliche Verlangen stehen, aus dem sich nach und nach tiefere Gefühle entwickeln. Die Harmonie zweier Körper kann zum Einklang derselben führen. Ebenso wie es auch umgekehrt möglich ist.

Und dann darf man auch nicht vergessen, daß ein Mann sich erheblich schwerer tut, sich zu seinen Gefühlen zu bekennen als eine Frau. Schuld daran ist der Einfluß der Gesellschaft, die Mann und Frau vorgefaßte Rollen aufzwingt.

Eine Frau, so heißt es doch, sei für die Liebe geschaffen, das sei ihr hauptsächlicher Daseinsgrund. Ein Mann dagegen müsse sein Leben ernsteren und wichtigeren Zielen widmen. So will es die Gesellschaft. Klar, daß er sich irgendwie lächerlich vorkommen muß, wenn er bemerkt, daß auch er zu starken Gefühlen fähig ist.

Wenn der Mann es vor sich selbst auch nicht wahrhaben will, früher oder später wird er merken, daß es etwas gibt, das noch wichtiger ist als der pure Sinnengenuß. Er wird sich einsam fühlen und eine Lebensgefährtin suchen. Er wird sich danach sehnen, eine Frau zu lieben und von ihr geliebt zu werden.

Es ist zwar die Regel, daß zwei Menschen, die sich lieben, sich auch begehren. Aber keine Regel ohne Ausnahme. Psychologie und Psychiatrie kennen eine Reihe von Gefühlsregungen, die alle Elemente dessen enthalten, was die Liebe ausmacht, nur kein sexuelles Begehren. Doch in den meisten Fällen ist es so, daß Sex und das Gefühl der innigen Zuneigung untrennbar miteinander verbunden sind.

Der Sex wird überbetont

Doch leider haben wir uns angewöhnt, über die sexuelle Beziehung in der Ehe zu ausgiebig zu sprechen. Wir lesen zuviel darüber. Wo wir auch hinschauen und -hören, sei es in Illustrierten, Anzeigen, in Film und Schlager, überall wird die körperliche Liebe überstrapaziert. Hier verspricht ein Parfüm, die Leidenschaft der Frau zu wecken, dort soll ein Rasierwasser dem Mann dazu verhelfen, daß ihm die Frauen zu Füßen liegen. Das Sexuelle wird überbetont, und nicht selten neigen wir dazu, in der körperlichen Befriedigung das einzige Kriterium für eine glückliche Ehe zu sehen.

Eine Ehe besteht aber nicht nur aus Erotik und Sex! Vielmehr ist das Wissen, daß man geliebt wird und liebt, die tiefste Beglückung eines Lebens, und dieses Glück darf sich nicht nur auf die körperliche Übereinstimmung beschränken. Die Liebe einer Ehefrau oder Geliebten hat schon zahlreiche Männer Großes vollbringen lassen, hat dem Leben vieler Menschen einen höheren Sinn gegeben. Ein zur rechten Zeit gesprochenes Wort kann mehr Trost und Zuversicht geben als jede Form des körperlichen Zusammenseins. Die äußerste Bewährung einer Liebe liegt gerade in jenen kritischen Augenblicken des Lebens, in dem Bewußtsein, daß ein anderer einem zur Seite steht, daß er einen versteht. Gäbe es diese tieferen Unterströmungen der Liebe nicht, hätte die Ehe längst aufgehört, eine dauerhafte Einrichtung zu sein.

Zugegeben – Sex ist wichtig für eine Ehe. Aber in den vergangenen Jahren wurden Liebestechniken und -praktiken zu sehr überbewertet. Viele Ehefrauen glauben, daß irgend etwas mit ihnen – oder dem Ehemann – nicht in Ordnung ist, weil ihre Empfindungen nicht so sind, wie sie es gelesen haben. Und nicht wenige Ehemänner haben das gleiche Gefühl – sich oder der Partnerin gegenüber –, wenn die Frau nicht die letzte Erfüllung findet. Dann nehmen sie Zuflucht zu den zahlreichen Aufklärungsbüchern, sind auf der Suche nach der wechselseitigen Ekstase – und das intime Beisammensein wird zu einer Periode voller Spannungen, voll peinlichen Experimentierens, und schließlich sind sie noch verwirrter und unbefriedigter.

Besonders die Männer erwarten einfach zuviel von Erotik und Sex in der Ehe, und so ist die Frage »Wie oft soll man ›es‹ denn tun?« ein leidiges Thema, über das es in vielen Ehen immer wieder zu Diskussionen (»Was, du willst schon wieder? Wir haben doch erst vor drei Tagen!«) kommt. Auch die Wissenschaft kam bei ihren Befragungen bisher zu keinem Ergebnis über die Häufigkeit der intimen Kontakte. Weil es oftmals an der Wahrheit mangelte: Ist es auf der einen Seite die Prahlsucht, der fast jeder Mann unterliegt, wenn es um dieses Thema geht, so mag es auf der anderen Seite die Scham der Frau sein, die Wahrheit einzugestehen, um wirklich brauchbare Unterlagen für eine wissenschaftliche Untersuchung zu bekommen.

Bereits der amerikanische Professor ALFRED CHARLES KINSEY veröffentlichte in den fünfziger Jahren Zahlen über die Häufigkeit des sexuellen Beisammenseins der von ihm befragten Personen. Doch in einem Kommentar machte er die Einschränkung: »Von allen Antworten, die ich von Männern und Frauen über ihr Sexualleben bekommen habe, stehen die Zahlen über die Häufigkeit des Aktes auf schwachen Beinen.«

Auch WILLIAM MASTERS und V. E. JOHNSON, Kinseys Landsleute und dreißig Jahre später führende Wissenschaftler auf diesem Gebiet, mußten zugeben: »Da es keine ausgesprochene Kontrolle auf diesem Gebiet gibt, ist man auf die Angaben angewiesen – und diese dürften nicht immer den Tatsachen entsprechen.«

Sicher ist nur eins: Je jünger die beiden Ehepartner sind, desto aktiver ist der Mann und entsprechend passiver die Frau – die aber mit zunehmendem Alter den aktiven Part übernimmt. Jetzt ist sie es, die ein Zusammensein herbeiführen möchte.

Zieht man aus allen bisher vorliegenden Statistiken Bilanz, so sieht es ungefähr so aus: Paare unter einem Lebensalter von fünfundzwanzig Jahren sind pro Monat zu fünfzig Prozent meist acht- bis neunmal beisammen. Paare über fünfzig hingegen nur noch ein- bis viermal – wobei allerdings das einmalige Zusammensein bei weitem überwiegt.

Ohne LUTHERS Worte »In der Woche zwier schadet weder dir noch ihr« allzusehr auf die Waagschale legen zu wollen, kommen aber die Werte, die bei einem normalen sexuellen Leben ermittelt werden können, diesem Satz sehr nahe. Andererseits ist zu sagen, daß es über die richtige Wahl des Häufigkeitsquotienten überhaupt keine Regel gibt. Es scheint, daß hier die Natur die Menschen unterschiedlich »programmiert« hat. Und dabei sollte man es bewenden lassen.

Es gibt allerdings Frauen, die der Ansicht sind, daß die Männer in der Lage sein müßten, mehrmals zu ihnen zu kommen. Womöglich sechsmal in einer Nacht. So zeigen einige Aussagen von Frauen, die der englische Arzt und Sexualwissenschaftler Dr. GARRET gesammelt hat, mit welchen Gedanken sich hier vor allem die Frauen beschäftigen:

»Meine Freundin erzählte mir, ihr Mann käme jede Nacht zu ihr und sei fähig, es bis zu fünfmal hintereinander zu machen.«

Dazu Dr. Garrett: »Typisch Freundin: Sie möchte die Neidkomplexe nähren!«

Oder: »Anfangs war mein Mann bereit, zweimal pro Tag zu mir zu kommen. Jetzt, nach dreijähriger Ehe, klappt's nur noch zweimal in der Woche!«

Dazu Dr. Garrett: »Es ist erwiesen, daß in den ersten Ehejahren, vor allem in den Flitterwochen, der Reiz sehr groß ist. Später verflacht zwar nicht das Interesse, zweifellos aber die Libido! Die Frau muß sich bemühen, für den Mann attraktiv zu sein. Sie muß vor allem genauso auf seine Wünsche eingehen, wie er auf ihre.«

Doch leider gibt's da oft Schwierigkeiten: Neunzig von hundert Frauen beklagen, daß ihre Partner nach dem Zusammensein kein Gefühl mehr zeigen. Dabei finden sie, daß gerade die Minuten nach der Umarmung für die Liebe von ganz entscheidender Bedeutung sein können.

Auch das Finale ist wichtig!

Vier Jahre sind sie nun schon verheiratet, und die Liebe blüht genauso wie am ersten Tag. Sicherlich – es ist kein Großbrand mehr wie im ersten Jahr; aber stets lodert das Feuer und läßt sich zu Flammen entfachen, wenn Hände einander berühren, wenn sie sich vor ihm entkleidet oder er ihren Körper berührt. Gabriele und Wolfgang P. sind das, was man ein glückliches Paar nennt. Er verdient als Maschinenbauingenieur genug Geld, um sich all das leisten zu können, was man von einem Mann mit 29 Jahren erwarten kann. Daß sie noch keine Kinder haben, ist ausschließlich ihren Wünschen in dieser Hinsicht zuzuschreiben.

»Wir wollten ein paar Jahre warten, erst mal das Leben zu zweit genießen, und fangen eigentlich erst jetzt richtig an, uns ein Nest zu bauen«, lautet die Begründung der Frau.

Alles wäre also in bester Ordnung, würde da nicht bei Gabriele P. im hintersten Kämmerlein ihres Herzens ein Problem nagen ...

»Es hat bei uns vom ersten Zusammensein an keine sexuellen Probleme gegeben«, gibt die junge Frau zu. »Wolfgang war nicht mein erster Mann, und auch er hatte vor der Ehe schon einige Erfahrungen gesammelt. Daher blieben uns jene physisch und psychisch nicht einfachen Situationen erspart, als wir zum erstenmal miteinander schliefen. Wir kamen beide voll auf unsere Kosten. Und wir sagten es uns auch!«

Gerade dieses »Sich-einander-Mitteilen« unmittelbar nach der Umarmung war für Gabriele P. entscheidend: Sie hatte hier einen Partner gefunden, der anscheinend nicht nur drei Viertel des Zusammenseins zu schätzen wußte, sondern auch das Finale.

Auch Wolfgang P. war höchst zufrieden: »Bei Gabriele war alles so, wie es sich ein Mann vorstellt. Wir erlebten gleichzeitig die höchsten Wonnen – es war ein Gefühl, das man nicht beschreiben kann. Meine Erregung war so groß, daß ich sie ganz einfach auch hinterher liebkosen mußte. Und die Art, wie sie diese Zärtlichkeiten über sich ergehen ließ, ja sogar erwiderte, ließ mich erkennen, die richtige Frau gefunden zu haben.«

Bis eines Tages eben die Maus im Herzen von Gabriele P. zu nagen begann ...

»Es ist zwar immer noch wie ein Freudenfest«, gibt sie zu, »aber irgendwie hat sich Wolfgang geändert. Nicht vorher – da verlangt er genauso wie früher nach mir. Aber seit einiger Zeit vermisse ich das ›Nachher‹. Jetzt genügt ihm ein kurzer Kuß, ein flüchtiges Streicheln über meinen Körper. Er liegt neben mir, hält mich im Arm, aber nichts durchbricht die Stille, weder ein Wort noch eine Bewegung. Und dann dauert es keine zwei, drei Minuten, daß ich seinen gleichmäßigen Atem höre, der mir anzeigt, daß er schläft.«

Wolfgang P. sieht das anders: »Früher soll ich anders gewesen sein? Lächerlich – ich liebe sie doch noch genauso! Die Zärtlichkeiten hinterher? Ich küsse sie doch, halte sie im Arm, schlafe mit ihr ein ...!«

Nur die wenigsten Frauen schlafen im Arm ihres Partners ein. Meist liegen sie mit geschlossenen Augen wach und erleben nochmals im Geiste, was sie soeben körperlich empfunden haben.

Es sind jene Minuten »ihres« Glücks, die ihr niemand nehmen kann, die aber erst dann vollkommen sind, wenn seine Hände, seine Lippen, sein Körper es verstehen, die Wogen der Erregung zu glätten.

Für die Frauen ist das intime Zusammensein nicht mit dem Orgasmus beendet, wie ja überhaupt diesem Punkt erheblich mehr Bedeutung zugestanden wird, als es notwendig wäre. Dieses Zärtlichkeitsverlangen ist aber weit mehr psychisch als physisch bedingt: Nicht der Körper der Frau sehnt sich nach Küssen, nach Berührung, sondern ihr Innerstes wünscht sich eine Bestätigung ihrer sexuellen Volltauglichkeit.

Tatsächlich ist es so, daß zahlreiche Frauen in diesem Moment ungestüme Zärtlichkeiten ablehnen: Sie wollen nicht im Anschluß an einen Höhepunkt, in dem sich ihre erotischen Antennen noch in Hochspannung befinden, sofort stimuliert werden. Was sie dagegen wünschen, ist das Empfinden, auch jetzt noch Anerkennung und Wertschätzung beim Mann zu haben. Hier genügt es, sich zu küssen oder Wange an Wange zu liegen.

Nicht zuletzt können gerade in diesem Augenblick die richtigen Worte jenes Gefühl der Hochstimmung verlängern, welches das Glücksempfinden der Frau ausmacht. Ein Mann, der in diesem Augenblick abrupt jenes Band durchschneidet, indem er sich zur Seite rollt oder wie ein Klotz neben ihr liegenbleibt, versteht die innere Einstellung der Frau zur Sexualität nicht und macht ihr damit deutlich, daß es ihm nur darauf angekommen ist, seine eigene Befriedigung zu erhalten, daß er sie eigentlich nur »benutzt« hat.

Nur sehr wenige Frauen sind wirklich frigide!

So was empfindet jede Frau natürlich als Demütigung, und je öfter sie das Gefühl des Benutztwerdens hat, desto stärker werden ihre Frustrationen: Es kommt zu Reibereien in der Ehe, die oft zum Streit ausarten, und wenn sich die Frau dem Partner verweigert, weil sie wirklich zu müde ist oder einfach nicht bereit ist, sich wieder einmal benutzen zu lassen, heißt es wenig charmant: »Du bist eine frigide Pute!«

Frigide heißt auf deutsch kalt, und unter Frigidität (Gefühlskälte) versteht man das völlige Fehlen der sexuellen Erregbarkeit bei der Frau, aber auch das Unvermögen, zum Orgasmus zu kommen. Der Begriff muß also für zwei ganz verschiedene Sachverhalte herhalten!

Das Fehlen der sexuellen Lust stellt für die betroffene Frau selten ein Problem dar. Sie kann trotzdem ein ausgefülltes Leben führen, ohne auch nur an Sex zu denken. Sie kann ledig bleiben und sich ganz ihrem Beruf widmen. Oder sie heiratet, dann wird sie den Sex eben über sich ergehen lassen. Er wird ihr nicht unangenehm, höchstens ab und zu etwas lästig sein.

Dabei ist es völlig gleichgültig, ob sie ihren Mann aus Eigennutz geheiratet hat oder ihn auf ihre Art liebt. Sie wird nur dann in Schwierigkeiten kommen, wenn sie den Sex als derart unangenehm empfindet, daß sie sich ihrem Partner verweigert. Oder wenn ihr Mann die Bestätigung seiner Männlichkeit nicht nur im eigenen Höhepunkt findet, sondern auch sie unbedingt zum Orgasmus bringen will.

Doch im allgemeinen versteht man unter Frigidität nicht das Fehlen der sexuellen Erregbarkeit, sondern die Unfähigkeit der Frau, zum Orgasmus zu gelangen. Wie gesagt: die Unfähigkeit. Denn leider glauben viele Leute, daß eine Frau mit Orgasmusschwierigkeiten auch frigide sei.

Sie haben unrecht. Denn wenn es so wäre, müßten fast alle Frauen als frigide gelten. Weil nämlich jene, die zu jeder Gelegenheit einen Höhepunkt haben können, eine Ausnahme sind.

Wissenschaftlichen Angaben zufolge leiden ungefähr zehn Prozent Frauen an echter Frigidität. Bei ihnen ist auch alle medizinische Wissenschaft umsonst. Aber darüber hinaus gibt es etwa fünfunddreißig Prozent, die unglücklich sind, weil sie *glauben*, frigide zu sein, in Wirklichkeit aber an einem Leiden kranken, das heilbar ist.

Der Psychotherapeut Siegfried Schnabl schreibt in dem Buch *»Mann und Frau – intim«:* »Von Frigidität der Frau sollte man nur sprechen, wenn eine Frau dauernd, also auch unter günstigen Bedingungen partnerschaftlicher Gemeinschaft, keinerlei sexuelle Wünsche und Regungen verspürt. Die Geschlechtskälte ist mehr oder weniger tief in der Gesamtpersönlichkeit verwurzelt. Solchen Frauen fehlt das sexuelle Streben, und deshalb geraten sie in keine Erregung. Sie fühlen sich auch nicht unbefriedigt, weil sie kein Bedürfnis spüren, das Befriedigung sucht.

Völlig anders verhält es sich bei jenen Frauen, die normale sexuelle Wünsche haben, aber dennoch nicht – oder nur selten – zu einem Höhepunkt gelangen. Sie leiden nicht an Frigidität sondern an Anorgasmie, das heißt am Fehlen des Orgasmus. Die anorgastische, aber nicht frigide Frau empfindet sexuell motivierte Kontakte, genitale Berührungen und den Beischlaf zwar als angenehm, jedoch gelingt es ihr nicht, dabei zu einer entspannenden Befriedigung zu kommen.«

Die heutige Sexualwissenschaft legt das Hauptgewicht auf die Bezeichnung »entspannende Befriedigung«; denn nicht das, was allgemein als Orgasmus bezeichnet wird, ist entscheidend. Unter Orgasmus verstehen viele Frauen einen ähnlichen Vorgang wie die Ejakulation beim Mann. Daher auch oft die fälschliche Behauptung: »Oh, ich bin soweit!« In Wirklichkeit handelt es sich dabei aber um einen Vorgang, der einer Verkrampfungslösung gleichkommt – der aber keinesfalls ausschlaggebend für jene entspannende Befriedigung sein muß, den die Frau im Unterbewußtsein anstrebt. Denkt sie nun während des Geschlechtsaktes ununterbrochen nur an diesen Augenblick, kommt es erst recht zur Verkrampfung und keineswegs zu jenem beglückenden Gefühl, das eigentlich anzustreben ist.

Aber wie kommt es eigentlich zur Frigidität? Die Gründe sind fast immer im Seelenleben zu suchen. Oft sind Kindheitserlebnisse dafür verantwortlich: Ein Mädchen, das in seinem Elternhaus nur wenig Liebe bekommen hat, kann in seinem späteren Leben gefühlskalt sein, wenn es nicht – im Gegenteil – sein Leben lang auf der Suche nach Zärtlichkeit ist.

Wie bei den meisten seelischen Erkrankungen kann man auch bei der Frigidität keine exakte Trennlinie zwischen einer normalen sexuellen Zurückhaltung und einer krankhaften erotischen Gefühlskälte ziehen. Die Behandlung erfolgt meist durch einen Psychotherapeuten und verlangt auch vom Partner sehr viel Feingefühl und Geduld, und je mehr beide voneinander wissen, desto eher verschwindet die Frigidität der Frau.

Zärtlichkeit ist überaus wichtig!

Denn eines ist sicher: Jede Frau braucht Geborgenheit und Wärme, erotische Spannung und das Gefühl, vom Partner auch menschlich begehrt zu werden, wenn sie sich ihm ganz und gar hingeben soll. Und sie hat einen zusätzlichen Sinn für die Echtheit der Zärtlichkeit eines Mannes. Sie weiß genau, ob ein Kuß echt gegeben wird oder nicht. Sie weiß genau, was eine Handberührung bedeutet.

Männer, die glauben, Frauen mit einer Vielzahl falscher Zärtlichkeiten hinters Licht führen zu können, irren sich gewaltig. Weil es nicht auf die Menge, sondern auf die Intensität der Zärtlichkeit ankommt. Nichts kann eine Frau mehr verletzen als falsche Zärtlichkeit – weil damit der Mann ihr wiederum nur beweist, daß sie nichts anderes für ihn ist als ein Opfer seiner Lust.

Aber was ist denn nun eine »echte« Zärtlichkeit? Ihr Grundinhalt ist und bleibt die Berührung. Es gibt kaum eine Frau, die nicht auf eine Berührung in irgendeiner Form reagiert. Nur eine wirklich gefühlskalte Frau spürt nichts, wenn der Mann seine Hand auf ihren Arm legt, wenn er sie küßt oder streichelt. Die Haut ist nämlich ein sensibler Empfänger, sie nimmt jede Berührung wahr – mehr noch, sie kann sogar abschätzen, wie diese Berührung gemeint ist.

Viele Männer glauben aber, es reiche vollkommen, wenn sie ein gewisses erotisches Repertoire herunterspulen, um eine Frau gefügig zu machen. Weit gefehlt: Zur Zärtlichkeit gehört auch die Variation. Frauen, die schon von vornherein wissen, was nun kommen wird, empfinden anders als jene, die immer wieder von den erotischen Einfällen des Mannes überrascht werden. Psychologen haben dies auf einen Nenner gebracht: Sie sagen, daß der Mann, der ein erfolgreicher und phantasievoller Liebhaber sein will, jederzeit auch ein Verführer sein muß.

Leider hat der Begriff »Verführung« in unserem Sprachgebrauch aber eine zum Teil mißbilligende Bedeutung erhalten, womit eine – nämlich nur die negative Auswirkung dieser für das Liebesleben so grundlegend wichtigen – Aktion beurteilt wird. Wie viele positive Kräfte dadurch erweckt werden, bleibt ungewürdigt. Verkümmert aber in einer Ehe die Lust der Frau am Verführen des Mannes, fordert sie also eine begehrliche Annäherung nicht mehr heraus, dann wird diese schließlich ganz unterbleiben. Genauso muß der Impuls zum Entfachen der erotischen Flammen auch vom Mann ausgehen, indem er die Verführung der Frau versucht; damit ist seine Aktivität erreicht, er beginnt zu werben, ihr Begehren zu steigern und sie liebevoll zu erobern.

Dieses wechselvolle Spiel der Zärtlichkeit ist auch in der Ehe eine unbedingte Notwendigkeit. Mehr als fünfzig Prozent der Frauen nennen Zärtlichkeit als jene Tugend, die sie bei einem Mann am meisten schätzen. Die großen Verführer waren voll von Zärtlichkeiten. Selbst jene, die man als harte Männer bezeichnen kann, haben durch den scheinbaren Widerspruch von Härte, Männlichkeit und Zärtlichkeit ihren großen Ruf begründet.

Zärtlich sein, das hat immer etwas mit jenem »Schmusen« zu tun, das so oft damit verwechselt wird. Der Mann, der zu seiner Partnerin zärtlich ist, tut es in Worten und Gesten, ist es mit dem Blick und mit der Berührung, erst in zweiter Linie kommt dann jenes erotische Spiel hinzu, das schließlich zum Liebesakt führt. Aber nicht nur vor diesem Akt ist die Zärtlichkeit eine Notwendigkeit; wer die Psyche der Frau kennt, weiß, welche Gedanken sie beflügeln, wenn sie im siebten Himmel schwebt.

Die Liebe ist wie eine Batterie, und so ein Stromspeicher

hat je eine positive und negative Platte. Zwischen beiden Platten besteht ein Spannungsunterschied, der sich – wenn die Batterie in Betrieb ist – mit der Zeit entlädt. Soll der Strom aber von Dauer sein, muß die Batterie natürlich hin und wieder aufgeladen werden.

So ist es auch bei der Liebe – sie verbraucht sich. Daher muß sie genau wie eine Batterie in Schwung gehalten werden. Viele Männer versäumen das. Sie nutzen den Spannungsunterschied, der zwischen Frau und Mann besteht, so lange ab, bis das Lämpchen der Liebe nur noch ganz schwach glüht.

»Früher war ich dein Liebling und Sonnenschein, heute bin ich die Dicke und Alte«, sagt die Frau mit gelindem Tadel in der Stimme. »Früher hast du gesagt, daß du dieses und jenes an mir schön findest, daß dir dieses und jenes besonders gut schmeckt – aber heute hüllst du dich in Schweigen.«

»Na hör mal«, erwidert der Angetraute, »ich dachte, du hättest mittlerweile mitbekommen, was ich schön finde und was mir gut schmeckt!«

»Und früher«, ereifert sich die Frau weiter, »hast du mir im Vorbeigehen einen Kuß auf die Wange gegeben, heute krieg' ich höchstens mal einen Klaps auf die Schulter oder – was ich hasse! – auf den Po!«

»Na und?« Der Göttergatte zuckt mit den Achseln. »Das kommt doch auf eins raus! Soll ich dir etwa jeden Tag eine Liebeserklärung machen? Gib doch zu, daß es dich langweilen würde!«

Da irrt sich der Herr aber gewaltig! Frauen werden nämlich nie müde, Schmeicheleien zu hören und Zärtlichkeiten zu empfangen. Mit der Männlichkeit, die sich zum würdevollen Haushaltsvorstand erhebt und vor lauter Würde die Albernheiten des Verliebtseins unmöglich macht, haben sie nichts am Hut.

Zartgefühl ist Medizin!

Jedermann weiß, daß in der heutigen Zeit das Streben nach Stellung und Anerkennung hart macht und immer neue Bremsen an das eigene Gefühlsleben legt. Gleichzeitig bildet sich eine Scheu vor Zärtlichkeiten, die den Menschen – und hier besonders den Mann – mit den Jahren zu einem »Eisklumpen« verwandelt. Die Entwicklung dorthin ist so eklatant, daß es viele Männer große Überwindung kostet, auf halbem Weg umzukehren. Sie wollen sich »nichts vergeben« und führen den plötzlichen Einfall, einen Blumenstrauß mit nach Hause zu nehmen, vor lauter Gehemmtheit nicht aus: »Wenn ich mit Rosen ankomme, wird sie sicherlich denken, ich hätte ein schlechtes Gewissen!«

Zartgefühl ist aber Medizin. Daraus ergibt sich: Der Mann ist der beste Arzt seiner Frau, und umgekehrt.

Ist aber ein Mensch zum »Eisklumpen« geworden, so geriet er oft gegen seinen ureigenen Willen in den Engpaß der Lieblosigkeit. Wenn er nun seine Schuld an dieser Entwicklung erkennt, tun sich ihm die Wege in ein reicheres Leben von allein auf. Er wird neu sehen, neu empfinden und jene zarten Reize wiederentdecken, die der Liebe Wärme und Glanz geben. Er muß sich aber von selbst bemühen.

Der Strom, der die Batterie des soliden Glücks wieder auflädt, heißt Zärtlichkeit. Sie alle Tage wirksam werden zu lassen, ist eine Aufgabe, die das Herz stellen muß. Eine Aufgabe, die sich bestimmt lohnen wird, weil sie doppelten Gewinn bringt – für sie und für ihn.

Nun wieder einmal Hand aufs Herz: Brauchen Sie Zärtlichkeit? Oder machen Sie sich daraus nicht allzuviel? Der folgende Test wird es Ihnen verraten:

1. Haben Sie, wenn Sie einen verspielten jungen Hund oder eine kleine Katze sehen, unwillkürlich das Bedürfnis, das Tier zu streicheln?
   Ja = 1; nein = 0.
2. Werden Sie verlegen, wenn Sie in der Öffentlichkeit zärtlich geküßt werden?
   Ja = 0; nein = 1.
3. Hatten Sie ein sehr inniges Verhältnis zu Ihrer Mutter?
   Ja = 1; nein = 0.

4. Gehören Rot, Goldgelb und Lila zu Ihren Lieblingsfarben?
   Ja = 1; nein = 0.
5. Fällt es Ihnen schwer, Kontakt zu anderen Menschen zu bekommen?
   Ja = 0; nein = 1.
6. Ist es Ihnen ein Bedürfnis, daß ein geliebter Mensch Ihnen immer wieder versichert, daß er Sie auch liebt?
   Ja = 1; nein = 0.
7. Mögen Sie Kinder?
   Ja = 1; nein = 0.
8. Fällt es Ihnen schwer, mehrere Tage lang allein zu sein?
   Ja = 1; nein = 0.
9. Bekommen Sie in der Fremde leicht Heimweh?
   Ja = 1; nein = 0.
10. Ist es für Sie sehr wichtig, daß Familienfeste auch wirklich festlich und unter Einbeziehung der nächsten Verwandten gefeiert werden?
    Ja = 1; nein = 0.
11. Macht es Ihnen Freude, einen geliebten Menschen zu verwöhnen?
    Ja = 1; nein = 0.
12. Halten Sie die Ehe für eine überholte Institution?
    Ja = 0; nein = 1.

Auswertung:
10 bis 12 Punkte: Sie haben ein sehr großes Zärtlichkeitsbedürfnis und verstehen es auch, echte Zärtlichkeit zu schenken.
7 bis 9 Punkte: Auch Sie sind zärtlichkeitsbedürftig, doch genieren Sie sich, Ihre Gefühle frei und unbeschwert zu zeigen. Manchmal glauben Sie, Zärtlichkeit könne auch Schwäche sein.
4 bis 6 Punkte: Ihr Zärtlichkeitsbedürfnis ist normal entwickelt. Es steht unter der Devise: »Alles zu seiner Zeit und keinen unnützen Schmus!«
0 bis 3 Punkte: Ihr Zärtlichkeitsbedürfnis ist stark unterentwickelt. Hoffentlich gehört auch Ihr Partner zu den »unterkühlten« Naturen.

8

Verjüngungskur für die Ehe

Heiratsgrund: Angst vor der Einsamkeit

Sollten Sie tatsächlich zur letzten Gruppe gehören, führen Sie wahrscheinlich eine reine Zweckehe – Sie heirateten, weil Sie nicht allein sein wollten. Rund zwanzig von hundert Ehen werden aus Angst vor der Einsamkeit geschlossen. »Man muß doch wissen, wo man hingehört«, sagen die einen. »Man muß einen Mann und Kinder haben«, meinen die anderen.

Tatsächlich gelingt es vielen dieser Menschen, durch die Ehe die Einsamkeit zu besiegen. Andere geraten jedoch durch dieses »Alleinsein zu zweit« in eine noch bedrückendere Einsamkeit. Zwar mag es für diejenigen, die durch die Ehe der Einsamkeit entrinnen, eine große Erleichterung sein, daß sie nicht mehr die Wände anreden müssen, sondern einer da ist, mit dem sie sich unterhalten können, dessen Pflicht es ist, zuzuhören. Ein Mensch, bei dem man seinen täglichen Ärger abladen kann und mit dem man die täglichen Freuden zu genießen vermag. Wenn dann die Interessen gleichgelagert sind, wenn beide gar geistige Ansprüche stellen, wenn sie zudem ein gewisses Zusammengehörigkeitsgefühl haben, dann können diese »Flüchtlinge aus der Einsamkeit« eine gute, zuweilen sogar glückliche Ehe führen. Doch ist es zweifelhaft, ob die Einsamkeit eines empfindsamen Menschen dann wirklich aufgehoben wird.

Eine Ehe wird niemals die in einem Menschen wirkende, ihm angeborene und mit ihm sterbende Einsamkeit aufheben können. Wer daher von der Ehe die totale Aufhebung der Einsamkeit fordert, der verlangt etwas, wozu die Ehe nur in ganz besonderen Ausnahmefällen in der Lage ist.

Viele Menschen – nicht nur die jungen, deren gutes Recht es ist, so zu denken – leben in der romantischen Vorstellung, daß die Ehe gleichbedeutend mit der absoluten Verschmelzung, dem totalen Einssein zweier Individuen sei. Doch wird dieses Verschmelzen nur sehr selten erreicht, so selten wie der Hauptgewinn im Lotto, der auf eine einzige unter Millionen möglicher Kombinationen fällt. Tatsächlich können zwei Menschen das große Los der unsterblichen Liebe und Einigkeit ziehen.

In diesen wenigen Fällen wird die Einsamkeit völlig verschwinden, weil die Verbindung der beiden weder räumlich noch zeitlich begrenzt ist. Sie sind miteinander vereint, obwohl sie zuweilen an verschiedenen Orten wohnen müssen. Und selbst wenn einer der beiden stirbt, wird die Erinnerung an das Glück des Einsseins nicht ausgelöscht.

Soll man sich dieses große Los wünschen? Leider sind es gerade jene Menschen, die aus Kontaktarmut lange allein waren und glauben, daß man nur heiraten muß, um ein für allemal von der Not der Einsamkeit erlöst zu werden. Dann verlangen sie von der Durchschnittsehe, was diese nicht leisten kann. Und was auch gar nicht im Sinn der Ehe enthalten ist.

Die Ehe ist nämlich in erster Linie dafür geschaffen, daß man miteinander die Schwierigkeiten des Alltags meistert, sich einander in Notzeiten hilft, miteinander Kinder hat. Und dann passiert es nicht selten, daß jene Menschen, die miteinander nichts anzufangen wissen, glauben, durch ihre Kinder der Einsamkeit entfliehen zu können. Wenn sie nicht genug Liebe empfangen und gegeben haben, dann übertragen sie ihre unverbrauchte Zuneigung auf die Kinder, weil sie glauben, daß die mütterliche (oder väterliche) Liebe geringeren Schwankungen ausgesetzt ist als die eheliche.

Für eine kurze, vorübergehende Zeit scheint dann tatsächlich in der Liebe zu den Kindern die Einsamkeit der Eltern verschwunden zu sein. Aber bald stellt sich heraus, daß die Kinder ebenfalls Eigenwesen sind, mit eigenen Wünschen und Schicksalen und einem eigenen Lebensweg, der sie irgendwann einmal aus dem Haus führt und dieses Haus und alle seine Bewohner mit ihrer Einsamkeit zurückläßt.

Tatsache ist also, daß die Ehe nicht vor der Einsamkeit schützt. Wer verlangt, daß die Ehe das Alleinsein auslöschen soll, der fordert entweder vom Schicksal, daß er zu den wenigen auserwählten Liebenden gehört – oder er verlangt, daß der Partner mit seinem eigenen Denken, seinem eigenen Schicksal, seiner eigenen Einsamkeit ausgelöscht wird. Die Ehe soll das Einzelschicksal aber nicht ausradieren, ganz im Gegenteil: Wenn es eine gute Ehe ist, läßt sie jedem Ehepartner so viel

Freiraum, daß er *zuweilen* in die notwendige, natürliche Einsamkeit flüchten kann, um sich vom Partner zu erholen.

Ist das wirklich notwendig? Aber ja! Ein gewisses Quantum an Einsamkeit ist unvermeidlich und kann sogar fruchtbar sein. Aber diese Einsamkeit muß bewußt und freiwillig sein. Ist sie vom anderen aufgezwungen, wird sie zum Giftherd. Jeder verheiratete Mensch sollte sich bewußt werden, daß der zeitweilige Wunsch nach Einsamkeit besteht, daß man den des Ehepartners respektieren und nichts Besseres für sich und seine Ehe tun kann, als sich auch für seine eigene Person einen solchen Anspruch auf Einsamkeit zu reservieren.

Natürlich kann die Einsamkeit in der Ehe auch im Laufe der Jahre entstehen, indem sich die Partner immer mehr voneinander zurückziehen, sich nichts mehr zu sagen haben. Besonders die Männer sind gern die großen Schweiger. Der Grund: Ihre Frauen hören ihnen schlecht oder gar nicht zu!

Richtiges Zuhören ist wichtig!

Das ist wirklich sehr schade, weil viele Männer nichts lieber tun würden, als ihre Angelegenheiten mit ihrer Frau zu besprechen. Eine Frau kann nämlich ihrem Mann allein dadurch, daß sie ihm zuhört, unendlich viel helfen. Sie ist dann eine Art Resonanzboden für seine Gedanken und trägt durch liebevolles Verständnis, verbunden mit weiblichem Einfühlungsvermögen, häufig zur Klärung und Lösung seiner Probleme bei. Wenn die Frau ihren Mann allerdings durch vieles Reden mundtot macht, wird sie dazu wenig Gelegenheit haben.

Diese Problematik beruht auf einigen grundlegenden Unterschieden zwischen Mann und Frau. Jeder Kinderarzt kann bestätigen, daß Mädchen früher sprechen lernen als Jungen – und nach diesem verheißungsvollen Vorsprung gleich zu Anfang haben wahrscheinlich die meisten Frauen den Ehrgeiz, auch im späteren Leben nicht ins Hintertreffen zu geraten. Hinzu kommt, daß der Mann im Durchschnitt langsamer spricht und sich seine Worte gründlicher überlegt als die Frau.

Diese Bedachtsamkeit kann ungeduldige weibliche Wesen zur Weißglut bringen.

Ein weiterer Unterschied liegt darin, daß in vielen Familien der Mann der alleinige Verdiener ist und tagsüber seinem Beruf nachgeht, während die Frau den ganzen Tag mit den Kinderchen zu Hause sitzt und oftmals keine andere Ansprache hat als den Fernseher oder das Radio: Apparate also, die sie nicht zu Wort kommen lassen. Ist es da verwunderlich, daß manche Frau es kaum erwarten kann, bis der werte Gatte endlich in Hörweite ist, um ihn, der abgespannt nach Hause kommt und sich nach Ruhe und Frieden sehnt, mit einem Wortschwall zu empfangen? Der Mann wiederum würde sich vielleicht sogar ganz gern mit seiner Frau unterhalten, aber aus Erfahrung weiß er, was sie unter einem »Gespräch« versteht, und hüllt sich lieber aus Abwehr in Schweigen.

Oftmals begehen die Frauen, anstatt wirklich zuzuhören, folgende Fehler:

Unterbrechen

Wenn Frauen miteinander sprechen, pflegen sie sich einander häufig fortwährend ins Wort zu fallen. Ihre Unterhaltung ist eine Art Wettkampf, in dem es darum geht, möglichst viel zu sagen, bevor der Gegner zum Zug kommt. Diese Angewohnheit können sie im Gespräch mit dem Mann nur schwer ablegen. Er hat noch nicht den ersten Satz beendet, da ruft sie schon: »Wie interessant. Übrigens hab' ich vorhin mit deiner Mutter gesprochen ...« Und schon hat sie ihm ihre Meinung zu einem anderen Thema mitgeteilt, außerdem die diesbezüglichen Ansichten der Nachbarin, mehrerer Freundinnen und des Kaufmanns an der Ecke.

Zerstreutheit

Bei dieser Reaktion schalten die Frauen den Mechanismus des interessierten Lächelns und der kleinen Zwischenrufe ein, sind aber mit ihren Gedanken ganz woanders – etwa, wie das Wohnzimmer tapeziert werden soll oder welche Gäste am Wochenende eingeladen werden sollen. Obwohl diese Technik immer wieder gern angebracht wird, ist bisher kaum ein Mann darauf hereingefallen.

Ihn gar nicht zu Wort kommen lassen
Einige Frauen starten sofort mit der Offensive, noch bevor der Ehemann die Wohnung betreten hat. Dann beginnen sie mit ausdrucksvollen Gesten und einer Art Zeichensprache auf ihn einzureden: »Tritt dir ordentlich die Füße ab, ich habe gerade Staub gesaugt!« Das wirkt auf viele Männer derart frustrierend, daß sie jene Neuigkeiten, von denen sie vielleicht berichten wollten, lieber für sich behalten.

Der Mangel an Verschwiegenheit
Frauen lassen sich allzugern Geheimnisse anvertrauen und erzählen sie ebenso gern weiter. Viele Männer wissen aus eigener Erfahrung, daß sich ein Geschäft zerschlagen hatte, eine Stellung verlorenging und eine ganze Berufslaufbahn aufs Spiel gesetzt werden kann – nur weil die liebe Gattin nicht den Mund halten konnte!

Tips für bessere Gespräche

Was kann also eine Frau tun, wenn sie nicht ein Leben lang einem Stummen gegenübersitzen will? Hier einige Tips:

Werden Sie ein ganzer Mensch.
Viele Ehefrauen erwarten von ihrem Mann, wenn er abends müde nach Hause kommt, daß er sie für die Eintönigkeit des Tages entschädigt; sie verlangen, daß er weise und geistreich, Ratgeber und Tröster in einer Person ist. Das kann ich von ihm verlangen, denken sie, anstatt sich zu fragen: Was kann ich selbst dazu beitragen, daß unsere Unterhaltung für uns beide erfreulich verläuft?

Frauen, die nur verlangen, daß der Mann die Außenwelt nach Hause bringt, sind eigentlich mehr Parasit als Partner.

Besser wäre es, wenn sie sich selbst draußen umschauen und einiges von der Welt hereinholen. Das ist zuweilen nicht ganz leicht, besonders wenn man kleine Kinder zu versorgen hat, aber es lohnt die Mühe.

Versuchen Sie also lieber, sich aktiv am Leben der Gemeinde zu beteiligen. Halten Sie sich über die Geschehnisse im In- und Ausland auf dem laufenden, erweitern Sie Ihren Interessenkreis. Dann bleibt zwar darüber vielleicht ein bißchen mehr Staub unter den Betten liegen, aber Sie haben selbst etwas zu erzählen.

Suchen Sie nach gemeinsamen Interessen.
Weil der Gedankenaustausch zwischen den Ehepartnern so wichtig ist, braucht man – abgesehen von der gemeinsamen Wohnung – noch etwas, das man mit dem anderen teilt. Ist Ihr Mann zum Beispiel ein begeisterter Münzensammler, dann sollten Sie sein Hobby nicht belächeln, sondern versuchen, ihm auf halbem Weg entgegenzukommen.

Zeigen Sie sich nämlich auch nur ein bißchen wißbegierig, wird er Ihnen viel lieber bei der Hausarbeit zur Hand gehen – damit Sie sich hinterher gemeinsam mit den Münzen beschäftigen können, wobei Sie gleichzeitig manches Problem lösen, sich gemeinsam freuen und zuweilen sogar Ihre Sorgen vergessen können.

Bilden Sie Ihr Einfühlungsvermögen aus.
Indem Sie spontan erkennen, was Ihr Mann braucht! Kommt er beispielsweise deprimiert und mutlos nach Hause, ist es besser, wenn Sie alle Probleme, die Sie mit ihm besprechen wollten, vorerst beiseite schieben.

Nicht wenige Frauen beklagen sich, daß ihr Mann zu Hause nie etwas von seiner Arbeit erzählt. Der Grund wird wahrscheinlich sein, daß sich der Mann fern vom Alltagsstreß eine Oase der Ruhe schaffen will, was seine Frau respektieren sollte. Daher ist es besser, ihn nicht nach seinen beruflichen Problemen zu fragen, wenn er nicht selbst darüber zu sprechen beginnt.

Seien Sie für ihn da.
Zeigt sich Ihr Mann, zu welcher Tageszeit auch immer, plötzlich gesprächig, dann gehen Sie darauf ein, auch wenn Sie gerade zu Bett wollen, weil am nächsten Tag die große Wäsche fällig ist.

Bereiten Sie sich auf das Gespräch vor.
Wenn Sie ein Problem mit Ihrem Mann besprechen wollen, dann hauen Sie ihm das nicht ansatzlos knallhart um die Ohren, sondern leisten Sie ein wenig Vorarbeit. Tragen Sie die Tatsachen zusammen, und denken Sie darüber nach, was Sie erreichen wollen. Wenn er dann nach Hause kommt, lassen Sie ihn erst einmal Luft holen – und entscheiden Sie dann gemeinsam, was zu tun ist.

Zeigen Sie sich seines Vertrauens würdig.
Immer wieder hört man die Frauen jammern: »Mein Mann erzählt mir ja nichts!« Wahrscheinlich haben die Männer ihre Gründe: Haben sich doch ihre Frauen als ziemlich redselig erwiesen. Doch ein Mann, der vorwärtskommen will, geht oft einen einsamen Weg und ist auf jemanden angewiesen, auf den er sich hundertprozentig verlassen kann. Vielleicht sind Sie für Ihren Mann der einzige vertrauenswürdige Mensch auf der Welt – ein großes Kompliment, dessen Sie sich nur wert erweisen, wenn Sie sein Vertrauen niemals enttäuschen.

Zeigen Sie Dankbarkeit.
Keiner bricht sich etwas dabei ab, wenn er sich beim anderen auch mal bedankt. Das Wort »danke« gibt dem anderen das Gefühl, gebraucht und anerkannt zu werden.

Lernen Sie zuhören.
Machen Sie nicht den Fehler, sich ausschließlich auf den nächsten Satz zu konzentrieren und gar nicht auf das zu hören, was Ihr Mann sagt. Wenn Sie *wirklich* zuhören, wird Ihr Partner dem, was Sie zu sagen haben, auch mehr Aufmerksamkeit schenken.

Lernen Sie zu widersprechen,
ohne als Widerspruchsgeist zu wirken.
Oft ist nicht entscheidend, *was* man sagt, sondern *wie* man es sagt. Ein freundliches Wortgefecht kann sehr zur Bereicherung eines Gesprächs beitragen, aber es ist ungemein wichtig, nie rundheraus zu widersprechen – auch wenn Sie noch so überzeugt sind, daß Ihr Partner unrecht hat. Viel besser ist es, seinen Widerspruch in verfeinerter, indirekter Form vorzubringen. Also nicht: »Was du da erzählst, ist totaler Blödsinn!« Empfehlenswerter klingt: »Ich bin nicht ganz deiner Meinung, laß uns noch einmal darüber sprechen.«

Ein Programm zur Problembeseitigung

Nun kommt es auch in den glücklichsten Ehen vor, daß sich mit der Zeit einige Dinge ansammeln, die einem der Partner nicht gefallen. Dann sollten beide Eheleute folgendes Programm erstellen, das ihnen hilft, kritische Bereiche zu erkennen und gemeinsame Lösungen zu finden.

Zuerst beantworten beide Ehepartner getrennt die Fragen zu folgenden Hauptbereichen:

1. *Gefühle und Sexualleben:*
   Lieben Sie Ihren Partner noch wie früher, und haben Sie das Gefühl, von ihm ebenso geliebt zu werden? Geht er auf Ihre Gefühle ein? Können Sie ihm Ihre sexuellen Wünsche mitteilen? Macht es Ihnen nichts aus, mit ihm über Ihre Sorgen und Ihren Kummer zu sprechen?

2. *Geld:*
   Wissen Sie genau über Ihre finanzielle Lage Bescheid und sind Sie damit einverstanden, wie und wofür Ihr Partner das Geld ausgibt? Müssen Sie sich Ihrer Ansicht nach immer die Zustimmung Ihres Partners einholen, wenn Sie Geld ausgeben? Haben Sie mit ihm überhaupt schon einmal über Ihre finanzielle Zukunft gesprochen?

3. *Gesundheit:*
   Glauben Sie, rundherum fit zu sein, oder gibt's gesundheitliche Probleme? Leiden Sie zuweilen unter Schlafstörungen? Sind Sie mit Ihrem Aussehen zufrieden, oder haben Sie Kummer mit Ihrer Figur? Machen Sie sich Sorgen um die Gesundheit Ihres Partners?

4. *Verwandtschaft und Freundeskreis:*
   Haben Sie das Gefühl, von der Familie Ihres Partners anerkannt zu werden? Gehen Ihnen einige Verwandte auf die Nerven? Haben Sie Freunde? Glauben Sie, daß andere Menschen Sie mögen? Fühlen Sie sich von Ihren Verwandten und Freunden sehr gefordert, oder haben Sie genug Zeit für sich?

5. *Haushalt:*
   Fühlen Sie sich von der Hausarbeit überfordert? Übernimmt auch der Partner einen Teil? Sind Sie mit ihm in puncto Sauberkeit und Ordnung einer Meinung?

Nachdem Sie alle Fragen gewissenhaft beantwortet haben, sollten Sie sich auf all jene Punkte konzentrieren, die Sie bei sich selbst oder dem Partner nicht in Ordnung finden. Diese Punkte schreiben Sie unter den jeweiligen Schlüsselbereich – und vergleichen dann Ihre Notizen mit denen Ihres Partners. Anschließend wählen Sie gemeinsam einen Aspekt aus, den Sie als erstes klären wollen, und setzen dafür einen Tag fest. Danach für den nächsten Punkt den nächsten Tag und so weiter. So sprechen Sie mit dem Partner also am Montag über Liebe, am Dienstag über Ihr Sexualleben – unter Umständen opfert man dafür einen ganzen Monat. Nur an Sonntagen sollten Sie eine Ruhepause einlegen.

Dann kann es losgehen, aber sorgen Sie dafür, daß Sie bei Ihren Diskussionen mit Ihrem Partner allein und völlig ungestört sind. Und reden Sie frei von der Leber weg. Suchen Sie aber nicht sofort nach Lösungen, vielmehr sollten Sie darüber nachdenken, wer recht und wer unrecht haben könnte. Bemühen Sie sich um Ehrlichkeit und Genauigkeit. Sicherlich stellen Sie dann fest, daß es statt: »Du läßt immer deine Klamotten rumliegen« besser wäre, zu sagen: »Ich ärgere mich immer wieder darüber, daß ich dir deine Sachen andauernd nachräumen muß!«

Sicherlich werden Sie sich auch nach langer Diskussion nicht in allen Punkten einigen können. Sie können aber das Gespräch als gelungen betrachten, wenn Sie wenigstens einmal völlig unterschiedlicher Meinung waren und sich schließlich zusammengerauft haben. Bei Ihren Diskussionen darf es aber nie zum Streit kommen. Vorwürfe wie »Du bist schuld, daß ...« oder »Hättest du bloß nicht ...« sollten Sie unbedingt vermeiden. Und verzichten Sie auf jede Art von Ironie oder Sarkasmus, wenn Sie sich ärgern.

Wenn Sie Ihrem Partner zuhören, dann nehmen Sie seine Überlegungen ernst und versuchen, seine Gefühle zu verstehen. Sagt Ihr Mann beispielsweise, er mache sich Sorgen um seinen Beruf, dann werfen Sie ihm nicht vor, er sei ein Angsthase. Wenn Ihre Frau sagt, sie ärgere sich darüber, daß Sie jeden Mittwoch Ihren Skatabend haben, dann antworten Sie nicht, dazu habe sie kein Recht. Ob sie sich ärgern darf oder nicht, steht nicht zur Debatte – es zählt allein, daß sie sich ärgert.

Während Sie also jeden Abend einen Punkt nach dem anderen »durcharbeiten«, sollten Sie sich stets alle denkbaren Lösungen, die Ihnen einfallen, notieren. Stoßen Sie dabei auf einen Bereich, wo sich Ihrer Meinung nach mit Sicherheit etwas in Ihrer Partnerschaft verbessern läßt, dann haben Sie das Ziel erreicht. Sie sollten aber auch Dinge, die zu den Grundlagen Ihrer Ehe gehören und die Sie als selbstverständlich betrachten, während Ihres Gesprächs nicht außer acht lassen, weil es gut ist, wenn Sie sich des Positiven bewußt werden. Andererseits dürfen Sie nicht mit Gewalt versuchen, zu viele schwierige Probleme in einer Woche »abzuhaken«. Wenn Sie anfangs die kleineren in Angriff nehmen, fällt es Ihnen vielleicht später leichter, eine Lösung für die großen Schwierigkeiten zu finden.

Manchmal ist es gar nicht so schwer, mit praktischen Vorschlägen aufzuwarten. Versuchen Sie es aber nicht »auf Kraft«.

Besser ist es, wenn Sie Ihrer Kreativität freien Lauf lassen, wenn Sie Phantasie und Heiterkeit ins Spiel bringen. Jeder noch so verrückt erscheinende Lösungsvorschlag kann von Nutzen sein. Sollten Sie zum Beispiel beide der Meinung sein, daß Sie nicht genug Zeit füreinander hätten, kommen Sie vielleicht über die Schnapsidee, auf eine einsame Insel zu ziehen, auf den vernünftigen Gedanken, künftig zu zweit übers Wochenende wegzufahren, anstatt immer wieder den Gastgeber für die Schwiegereltern oder andere Verwandte zu spielen.

Machen Sie Nägel mit Köpfen!

Hat Ihr Partner sein Problem zur Sprache gebracht, sollten Sie versuchen, es aus seiner Sicht zu betrachten. Unter Umständen werden Sie dann überrascht feststellen, daß die Wünsche des Partners gar nicht so »maßlos« sind, wie Sie befürchtet hatten. Zum Beispiel hat eine Frau seit längerem das Verlangen, mehr unter Menschen zu sein, wovor es ihrem Mann, einem eher zurückgezogen lebenden Typ, graust. Doch wenn sie sich klarer äußert und sagt, daß sie gern mit ihm ein Museum besuchen oder schick in einem Restaurant essen würde, sähe die Welt für ihn schon anders aus, weil es Unternehmungen sind, die beiden Spaß machen.

Wenn Sie für Ihre Probleme Lösungsmöglichkeiten gefunden haben, dann machen Sie Nägel mit Köpfen. Sollten Sie sich zum Beispiel aufgrund Ihrer Leibesfülle zu einem Fitneßtraining entschlossen haben, dann besorgen Sie sich sofort (!) die notwendigen Informationen über ein Programm, das Sie und Ihren Partner nicht überfordert. Haben Sie sich bereit erklärt, endlich den Keller aufzuräumen, dann nehmen Sie dies baldmöglichst in Angriff.

Lösungen müssen aber nicht immer zugunsten des einen Partners ausfallen, sie verlangen Kompromißbereitschaft. Repariert Ihr Mann zum Beispiel endlich die Stehlampe im Wohnzimmer, dann lassen Sie doch in Gottes Namen seinen Motorrad-Helm auf der Hutablage Ihrer Garderobe liegen.

Wenn Ihre Frau sich vornimmt, nicht mehr Ihren Schreibtisch aufzuräumen, machen Sie mit ihr dafür öfter einen Schaufensterbummel.

Bei all Ihren Diskussionen sollten Sie stets bedenken, daß sich jede Meinungsverschiedenheit auf vier Arten beilegen läßt:

1. Die Frau setzt ihren Willen durch, und der Mann gibt klein bei.
2. Der Mann bekommt recht, die Frau unterliegt.
3. Beide beharren auf ihrem Standpunkt, wollen kein bißchen nachgeben und trennen sich.
4. Beide machen Rückzieher – und schließen einen Kompromiß.

Die letzte Lösung ist für eine Partnerschaft am besten geeignet.

Während Ihres Problembeseitigungsprogramms wird es sicherlich Tage geben, an denen Ihr Eifer nachläßt. Das ist nicht weiter schlimm, Sie können Ihre beschlossenen Pläne auch später in die Tat umsetzen. Wichtig ist aber, daß Sie während dieser Zeit den Kontakt zum Partner nicht erschlaffen lassen.

Nehmen Sie sich vielmehr Zeit für ein Gespräch mit ihm, damit Sie einen Weg finden, wieder Tritt zu fassen. Sollte jedoch einer von Ihnen oder alle beide der Verwirklichung eines Vorhabens ausweichen, bedeutet dies, daß Sie das entsprechende Problem nicht gründlich genug durchgearbeitet haben. Sie müssen dann zum Anfang zurückkehren und das Problem wieder von vorn in Angriff nehmen.

Sind Sie schließlich am Ziel angelangt, dann nehmen Sie sich noch einmal die Notizen vor, die Sie zu Beginn des Programms aufgeschrieben haben. Sicherlich werden Sie feststellen, daß die Gesprächsabende mit ihren Problemlösungen frischen Wind in Ihre Ehe gebracht haben. Und wenn sich wieder einmal einige Meinungsverschiedenheiten angesammelt haben, dann läßt sich das Problembeseitigungsprogramm jederzeit wiederholen.

So verläuft eine »Ehekur«

Was ist aber, wenn die alten Schwierigkeiten immer wieder auftauchen, wenn Sie sich andauernd über dieselben Themen streiten?

In jeder Ehe kriselt es einmal, jede Ehe wird einmal krank. Eine »leichte Erkältung« kann man schnell kurieren, dagegen sind die verschleppten oder chronischen Leiden viel gefährlicher – womit das permanente Nörgeln und die ewige Unzufriedenheit gemeint sind. Gesellt sich noch die Gleichgültigkeit hinzu, steht die Ehe am Rande des Ruins – es wird also dringend Zeit, sich aufzuraffen und zu retten, was zu retten ist. Nach einer Krankheit fährt man zur Kur, mit der Leib und Seele wieder aufpoliert werden. So etwas ist auch bei einer kränkelnden Ehe möglich – indem beide Partner eine »Ehekur« machen.

Michael (43) und Brigitte D. (41) sind seit achtzehn Jahren verheiratet. Sie haben zwei Kinder, ein hübsches Einfamilienhaus am Stadtrand, zwei Autos und einen großen Bekanntenkreis. Michael ist Gebietsrepräsentant eines namhaften Computerherstellers, aber der Beruf schützt ihn und seine Frau nicht davor, eine recht mäßige Ehe zu führen, in der es zeitweilig sogar heftig kriselt. Warum?

Michael kann darauf auf Anhieb keine Antwort geben. Eigentlich ist er gar nicht unzufrieden. Er ist erfolgreich im Beruf, vielleicht ein bißchen zu erfolgreich, so daß er häufig Akten mit nach Hause nehmen muß. Die Kinder sind gesund, doch leider haben sie sich bisher in der Schule nicht gerade als »Leuchten« erwiesen. Der fünfzehnjährige Torsten ist gerade mit Ach und Krach in die nächste Klasse versetzt worden.

Brigitte wirft ihrem Mann vor, er hätte sich mehr um den Sohn kümmern müssen. Wie denn, bitte schön? Immerhin hat Michael genug Probleme am Hals, er sorgt für den Lebensunterhalt, und keiner kann ihm vorwerfen, seine Familie lebe nicht gut und standesgemäß. Das hat er auch seiner Frau immer wieder gesagt, wenn sie ihn mal wieder mit irgendeiner »Kleinigkeit« belämmerte. »Du hast doch ein schönes Leben, oder?« hat er dann stets erwidert und schnell das Thema gewechselt.

Weil er mit dem ganzen »Haushaltskram« nicht belästigt werden will. Dafür ist schließlich die Frau da, und sie soll – verdammt noch mal! – Verständnis dafür aufbringen, daß er tagsüber voll im Streß ist und daher abends nicht gestört werden will.

Aber seine Frau läßt einfach nicht locker! Immer wieder kritisiert sie Michael – »Zu Gästen bist du lieb und nett, aber mich beachtest du gar nicht!« –, oder sie nervt ihn mit irgendwelchen Nebensächlichkeiten: daß der Geschirrspüler nicht mehr richtig wäscht und die Kinder neue Schuhe brauchen. Himmeldonnerwetter, um so was soll sie sich gefälligst kümmern – schließlich ist sie die Hausfrau!

Michael spricht es aus, ein Wort ergibt das andere, und der Krach ist da. Man redet tagelang nicht miteinander, weil keiner nachgeben will – und ist doch unglücklich darüber. Natürlich haben auch die Kinder bemerkt, daß der Haussegen schief hängt, und sie leiden darunter. Schließlich verträgt man sich wieder. Aber nach jedem Krach wächst die Gleichgültigkeit. Brigitte spürt das besonders, sie wird mit sich und der Umwelt immer unzufriedener, und als sie sich eines Tages wieder einmal mit Michael in den Haaren liegt, rutscht ihr der Satz heraus: »Wir hätten nie heiraten dürfen!« Und: »Ich fühle mich um mein Leben betrogen!« Dann rennt sie schluchzend ins Schlafzimmer.

Eigentlich pflegt sich Michael in solchen Situationen mit einem oder mehreren doppelstöckigen Kognaks zu beruhigen, aber diesmal verzichtet er darauf. Nein, Brigittes Worte hatten ihn nicht verletzt – aber sehr nachdenklich gemacht! »Wir hätten nie heiraten dürfen!« hatte sie ihm an den Kopf geschleudert – die Frau, die er einmal sehr geliebt, der er einst ewige Treue geschworen hatte. Und was war davon übriggeblieben? Gähnende Leere ...

Aber warum nur? Michael läßt noch einmal die vergangenen Jahre an sich vorüberziehen. Wie war das eigentlich, als Sohn Torsten geboren wurde? Ja, er erinnert sich noch ganz schwach, wie er damals den Stammhalter mit Freunden gefeiert hatte. Und wie sah die Tochter Sabine aus, als sie drei Jahre alt war?

Er weiß es nicht mehr, der Beruf hat das Familiäre in ihm fast verdrängt. Und wahrscheinlich wurde Brigitte deswegen zur »ewigen Meckerziege«, weil für ihn der Job immer im Vordergrund stand.

Nach dieser Bestandsaufnahme kommt Michael zu dem Ergebnis: »Unsere Ehe ist krank!« Und weil er ein Mann der Tat ist, beschließt er, diesen Zustand umgehend zu ändern. So geht er ins Schlafzimmer, nimmt seine überraschte Frau in die Arme, sagt: »Wir werden eine Ehekur machen!« Und als ihn Brigitte zweifelnd anblickt: »Wenn eine Ehe durch den gewöhnlichen Alltag eingerostet oder verrottet ist, muß sie sich auch im gewöhnlichen Alltag wieder auffrischen und auf Hochglanz bringen lassen!«

Brigitte bleibt zwar skeptisch, stimmt aber schließlich zu. Sofort setzt sich Michael hin und entwirft gemeinsam mit seiner Frau einen »Schlachtplan«:

Während einer Ehekur müssen beide Partner füreinander da sein, haben also keine Zeit für die Kinder, deshalb müssen sie aus dem Haus. Michael entscheidet: »Sie kommen zu meinen Eltern«, wogegen sich Brigitte zunächst wehrt, schließlich aber von ihrem Mann beruhigt wird: »Die Kinder sind ja in unserer Nähe, du kannst jederzeit nachsehen, ob es ihnen gutgeht.« Dann erklärt er: »Besonders unangenehme Dinge wie große Wäsche, Besuch beim Zahnarzt oder Steuererklärung müssen vor unserer Kur erledigt werden.« Damit ist Brigitte einverstanden. Dann streicht Michael alle verschiebbaren Termine aus seinem Kalender – und die Ehekur kann beginnen.

Wieder zueinanderfinden!

Für die erste Woche haben sich Michael und Brigitte vorgenommen: Wir wollen uns erst einmal etwas fremd werden, um danach wieder zueinanderzufinden – denn, so Michael: »Viele Ehen leiden darunter, daß man zuviel beisammen ist. Einer ist ständig vom anderen abhängig. Der Mann scheut sich, nach der Arbeit noch ein Glas Bier zu trinken, weil er weiß, daß zu Hause die Frau auf ihn wartet. Die Frau hat Angst, nach dem Einkaufsbummel ins Kino zu gehen, weil die Hausarbeit liegenbleibt. Bei der Kur muß aber alles erlaubt sein, und es ist gar nicht so wichtig, wenn das Abendessen einmal ausfällt oder verschoben wird. Der andere darf nicht warten, er muß sich auch selbst beschäftigen. Aber es darf keine Geheimnistuerei geben – jeder erzählt, was er unternommen hat.«

Michael hat sich aber noch mehr vorgenommen: Er will seiner Frau täglich ein kleines Geschenk mitbringen, einen Blumenstrauß, eine Schachtel Pralinen. Auch will er kein Wort der Kritik von sich geben – im Gegenteil: Er wird seine Frau loben, wo er nur kann. »Du hast dir aber heute die Haare besonders hübsch gemacht«, sagt er, und obwohl Brigitte seine Absicht bemerkt, fühlt sie sich geschmeichelt. »Heute abend warst du wirklich ein netter Unterhalter«, lobt sie Michael nach einem Abend bei Freunden. Und sie beschwert sich nicht (wie früher), wenn Michael den ganzen Abend die Fußball-Europacupspiele im Fernsehen verfolgt und kaum den Mund aufmacht. Statt dessen ist sie früh ins Bett gegangen und liest ein Buch. So verleben die beiden sieben abwechslungsreiche Tage, fühlen sich entspannt, heiter und gelassen.

Dann beginnt die zweite Phase. Eine Woche lang hat Brigitte ihren Michael so hingenommen, wie er nun mal ist – was recht einfach war, denn er zeigte sich wirklich nett und rücksichtsvoll. Aber auch sie mußte feststellen, daß ein Zusammenleben ohne ständige Kritik viel schöner ist. Früher hatte sie ihn immer ermahnt: »Du trinkst zuviel!« Jetzt, in der zweiten Woche, gießt sie ihm sogar freiwillig ein weiteres Glas ein. Am folgenden Abend sorgt Michael für das Essen, indem er seine Frau in ein schickes Restaurant führt. Und als Brigitte ordentlich hinlangt, sagt er nicht wie sonst: »Du solltest mehr auf deine Linie achten«, sondern gönnt seiner Frau noch zum Nachtisch ein kalorienreiches Mousse au chocolat.

Bei den beiden gibt es also keine Vorwürfe mehr, sie müssen sich nicht mehr verteidigen oder auf ihren Rechten beharren. Beispielsweise dem Recht des abgespannt heimkehrenden Mannes: »Eigentlich mußt du ganz schön müde sein«, sagt

Brigitte. »Immer diese Kundenbesuche – also, ich wäre total geschafft.« Das baut ihren Mann auf, und er blickt kurz in den Spiegel. »Ach, so schlimm war es gar nicht, ich fühle mich eigentlich noch ziemlich frisch.« Ja, das entspricht sogar der Tatsache, und er schlägt seiner Frau einen Spaziergang vor. Dabei sagt Michael plötzlich: »Ich verstehe meine frühere Brummigkeit nicht!« Vor der Kur hätte seine Frau erwidert: »Wie gut, daß du es endlich einsiehst!« Jetzt aber meint sie: »Na ja, manchmal hast du es ja auch wirklich nicht ganz leicht!« – und fügt leise hinzu: »Aber es macht wieder Spaß, mit dir zusammenzusein!« In dieser zweiten Woche sind ihre Herzen wieder erwacht.

Beiderseitige Amnestie

Nun tritt die Ehekur ins dritte Stadium. Vierzehn Tage lang waren Michael und Brigitte rücksichtsvoll und liebenswürdig zueinander, es gab keine Vorwürfe, keine Gespräche über die Vergangenheit, über die Fehler des anderen. Solche grundsätzlichen Erörterungen sind während der Kur nämlich streng verboten. Jeder achtet den Partner, übersieht dessen kleine Fehler, lobt vielmehr seine Vorzüge. Man erteilt sich sozusagen gegenseitig eine Amnestie, spricht aber nicht darüber. Statt dessen ist jetzt die Zeit gekommen, Taten folgen zu lassen. So ruft Michael beispielsweise am Dienstag seine Frau an und bittet sie, ihn vom Büro abzuholen, denn: »Ich möchte gern, daß du das blaue Kostüm, das wir vergangene Woche beim Schaufensterbummel gesehen haben, einmal anprobierst!«

Brigitte versteht die Welt nicht mehr. Das Kostüm war zwar ein Traum, aber: »Du sagtest doch, daß es viel zu teuer ist!« Darauf Michael: »Was kümmert mich mein Geschwätz von gestern!« – und wenige Stunden später ist Brigitte stolze Besitzerin des Kostüms.

Aber es kommt noch toller: Am Donnerstagmorgen bleibt Michael einfach im Bett! »Du kommst zu spät ins Büro!« ermahnt ihn Brigitte, aber er nimmt sie lachend in die Arme:

»Ich hab' heute und morgen Urlaub genommen – komm, wir fahren weg!« Wenig später sitzen sie im Auto, fahren irgendwohin, und als sie abends in einem Hotelbett liegen, sagt Brigitte plötzlich: »Wir sind nun schon achtzehn Jahre miteinander verheiratet, und trotzdem liebe ich dich noch!« Nun wissen beide: Sie hatten ihre Ehe wieder auf Hochglanz gebracht!

Welchen Sinn und Zweck hat nun solch eine Ehekur? Sie soll die Erkenntnis bringen, daß keiner fähig genug ist, um auch nur einen Tag in Zorn, Bitterkeit und Sehnsucht nach einem anderen Leben zu verbringen. Natürlich wird die Kur bei vielen Paaren anders aussehen als bei Michael und Brigitte. Wichtig ist jedoch, daß man sie überhaupt beginnt und bis zum Ende durchzieht. Wenn man sich vornimmt, für eine kurze Zeit den Partner ständig zu verwöhnen, nur sich selbst zu kritisieren und seine Eifersucht in die Schranken zu weisen, ist der Erfolg schon gesichert. Brigitte und Michael gewannen in den drei Wochen mehr als in einem Jahrzehnt ihres Zusammenlebens: nämlich Vertrauen in die gemeinsame Zukunft und die Gewißheit, daß eine Ehe nicht nur aus Schwierigkeiten besteht, sondern auch ihre schönen Seiten hat. Daher haben sie sich vorgenommen, ihre Ehekur in jedem Jahr zu wiederholen. Aber nicht während des Urlaubs in einer fremden Umgebung, die Regeneration muß dort stattfinden, wo ein Ehepaar den »grauen Alltag« durchlebt.

Im Urlaub gibt's die meisten Krisen

Tatsächlich ist eine Ehe in den Ferien besonders gefährdet!

Warum?

Weil die Ehepartner während der Ferien viel enger zusammenleben; sie müssen nicht nur die Nächte, sondern auch die ganzen Tage miteinander verbringen. Wann haben sie im Alltag schon Gelegenheit, sich so ausgiebig auf Herz und Nieren zu prüfen?

Siebenundvierzig, achtundvierzig Wochen im Jahr versuchen

Ehefrauen und -männer, die unvermeidlichen Spannungen im Ehealltag zu ertragen und zu meistern. Jeder hat seine eigenen Methoden entwickelt, um möglichst gut damit fertig zu werden.

Ein Mann, der Ärger im Büro hatte, verschanzt sich abends hinter seiner Zeitung oder sucht beim Kartenspiel mit ein paar Freunden Ablenkung. Eine Hausfrau erholt sich untertags in einer ruhigen Stunde, wenn ihr Mann und die Kinder aus dem Haus sind.

Diese kleine »Flucht zu sich selbst« macht Mann und Frau das Zusammenleben leichter. Man kann sich also vorstellen, was geschieht, wenn ein Ehepaar während des Urlaubs ununterbrochen zusammen ist:

Während einer stundenlangen Autofahrt kann man nicht eine Minute lang zu sich selbst finden, da gibt es keine Stunde für sie und für ihn. Nicht einmal das größte Hotelzimmer ist groß genug dafür. Ein Ehepaar im Urlaub steht sich die meiste Zeit selbst im Weg, einer hockt auf dem anderen – kein Wunder, daß es nach einigen Tagen zu Reibereien kommt.

Es gibt aber noch mehr Gründe, warum eine Ehe im Urlaub besonders gefährdet ist. Zum Beispiel:

- Schon bei der Planung des Urlaubs geraten die Partner oft in den ersten Streit. Einer will an die See, der andere in die Berge – und schließlich gibt der eine nach, steht dem Urlaub aber schon kritisch gegenüber.
- Urlaubsvorbereitungen fordern zuweilen wichtige Entscheidungen: Nehmen wir die Kinder mit, oder kommen sie zu den Großeltern? Wieviel Geld können wir ausgeben? Wohin mit dem Hund? Wer gießt während unserer Abwesenheit die Blumen? Über solche Fragen können sich die Ehepartner die Köpfe heiß reden. Wehe, wenn dann der Mann ein Machtwort spricht und sich im Urlaub herausstellt, daß er falsch entschieden hat. Die kühle Bemerkung seiner Frau: »Ich hab' es dir ja gleich gesagt«, kann den schönsten Sonnenuntergang in eine Gewitterstimmung verwandeln. So etwas reicht dann meist für den Rest der Ferien.

- Viele Ferien werden ein glatter Mißerfolg, weil sich die Menschen körperlich übernehmen. Vor allem die Männer. Der Durchschnittsmann rast von der Arbeit nach Hause, packt, schläft ein paar Stunden und bricht dann mit der Familie im Morgengrauen auf. Und er fährt und fährt. Hunderte von Kilometern werden abgespult – kein Wunder, daß die Kinder zu quengeln beginnen und der Mann bald Krach mit seiner Frau bekommt.
- Urlaubsreisen sind körperliche Strapazen, die einige reichlich fordern. Zum Beispiel findet die Ehefrau im fremden Bett keinen Schlaf, während ihr Mann im tunesischen Nationalgericht herumstochert und an seinen angegriffenen Magen denkt. Oder sie haben sich nach langem Hin und Her auf eine Fahrt mit dem Wohnwagen in die Alpen geeinigt – und einer von beiden stellt nun fest, daß ihm die Höhenluft gar nicht bekommt. Das Ergebnis: Mann und Frau verlieren die Lust und geben sich dafür auch noch gegenseitig die Schuld.
- Das liebe Geld. Die meisten Urlaubsreisen strapazieren das Portemonnaie mehr als eingeplant. Sofort taucht die Frage auf: Wer von uns beiden hat sich verrechnet? Oder: Wer hat zuviel Geld ausgegeben?
- Während des Urlaubs muß man mit fremden Menschen auskommen – ob sie einem nun sympathisch sind oder nicht. Manchmal gibt es auch noch Sprachschwierigkeiten. Die größte Gefahr aber droht, wenn die Frau im neuen Bekanntenkreis schnell Kontakt findet, der Mann aber nicht – und umgekehrt.
- Die meisten Menschen machen immer wieder den Fehler, vom Urlaub zuviel zu erwarten: Da kommen sie endlich am heißersehnten Ziel an – und es regnet in Strömen. Und alles sieht maßlos traurig aus, ganz anders als in dem schönen, bunten Prospekt.

Unter solchen Aspekten paßt dann nichts mehr: Das Meer ist nicht blau genug, der schiefe Turm von Pisa nicht schief genug, und überhaupt waren die Almwiesen auch schon mal grüner.

- Eheberater müssen immer wieder feststellen, daß ein Urlaub für die Frauen am meisten Gefahren in sich birgt – besonders, wenn die Kinder mitgefahren sind. Ärzte wissen längst, daß viele Frauen nach den Ferien urlaubsreifer sind als vor der Reise. Falls die Familie nicht in einem Hotel wohnt, hat die Frau meist dieselbe Arbeit wie zu Hause – während sich der Mann erholt. Eine Frau hat es aber satt, jeden Tag kochen zu müssen, daher täte der Ehemann gut daran, die Familie in ein Restaurant zu führen.

Aber auch von den Frauen wird Rücksicht verlangt: Ein Ehemann der beruflich viel auf Achse ist, sitzt sicher am liebsten ruhig am Swimming-pool. In diesem Fall sollte die Frau mit den Kindern die Gegend erkunden, wenn sie dazu Lust hat.

Getrennter Urlaub – ja oder nein?

Ein Urlaub verlangt also von beiden Partnern ein gerüttelt Maß an Anpassung, Einfühlungsvermögen und Rücksichtnahme – was ziemlich anstrengend ist. Wäre es da nicht besser, den Urlaub getrennt zu verleben – oder ist das auch gefährlich für die Ehe?

Wenn die Eheleute S., die ein gutgehendes Lebensmittelgeschäft betreiben, getrennt in den Urlaub fahren, dann hat das mit ihrer Einstellung zu einem gemeinsamen oder getrennten Urlaub gar nichts zu tun. Sie können oder wollen ihr Geschäft nicht für ein paar Wochen schließen, und so müssen sie eben jeder für sich ihre Ferien verbringen. Sie würden aber brennend gern einmal gemeinsam eine Urlaubsreise unternehmen, aber das Geschäft als Existenzgrundlage geht nun einmal vor.

Anders sieht es beim Arzt Dr. L. aus: Seine Frau wollte Jahr für Jahr in den Süden, er selbst zog die Insel Sylt vor. Also hatte man sich geeinigt, den Urlaub eben getrennt zu verbringen. Und weil beide Partner sich wirklich nur erholen wollten, also keinerlei Interesse an einem Abenteuer hatten, blieb die Ehe intakt.

Wieder anders war es bei den Eheleuten K.: Sie hätten zwar gemeinsam verreisen können, doch weil der Mann im Urlaub mächtig »die Sau rauslassen« wollte, stand ihm seine Frau im Weg. Nach vielen Kämpfen und Tränen ihrerseits erreichte er, daß er allein an die Riviera fuhr, während Silvia K. und Kind an der Ostsee weilten.

Peter K. amüsierte sich nach Kräften mit anderen Frauen, die eigene langweilte sich, weil sie sich trotz vieler Annäherungsversuche nicht zu einem Abenteuer bereit fand. Doch einige Wochen nach dem Urlaub erhielt Peter K. von einem seiner Ferienflirts eine Nachricht, daß er Vaterfreuden entgegensähe.

Er konnte die Sache seiner Frau nicht verheimlichen, es gab einen Riesenkrach, aber keine Scheidung. Vielmehr beschloß Silvia K., sich in Zukunft ebenfalls anderweitig zu amüsieren. Damit war die Ehe natürlich kaputt.

Hat also der getrennte Urlaub Vor- oder Nachteile?

Beides. Es ist unter Umständen nämlich für die Partner recht heilsam, wenn sie einmal Ferien von der Ehe machen, weil die Trennung vom anderen zu einer Besinnung auf die inneren Werte der Ehe führen kann. Außerdem schafft der räumliche Abstand auch eine Distanz von den Nichtigkeiten des Alltags.

Andererseits birgt der getrennte Urlaub natürlich große Gefahren, zumal diese Eheferien heute oft mit der Möglichkeit gleichgesetzt werden, neue Erlebnisse mit anderen Partnern haben zu können – was besonders im Interesse der Männer liegt.

Daher ist es kein Zufall, daß vor allem die Ehefrauen gegen den getrennten Urlaub sind. Doch wenn sie selbst die »Urlaubsfreiheit« genießen, besteht bei ihnen die Gefahr, daß sie sich in der vielzitierten Urlaubslaune wahnsinnig in einen Mann verlieben und ganz plötzlich ihre Ehe als gescheitert betrachten.

Eheleute, die sich also ihrer selbst und des Partners nicht ganz sicher sind, sollten besser keinen getrennten Urlaub unternehmen – auch wenn das Zusammensein während der Ferien zuweilen nervt. Und eins soll hier auch nicht verschwiegen werden: Obwohl der Urlaub für die Ehe gefährlich ist, gibt es auch zahlreiche Paare, die während der Ferien ihre gefährdete Ehe wieder in die richtigen Gleise brachten – ja sogar ihre Liebe wieder auffrischten.

9

Ehehindernisse

Können Sie überhaupt lieben? Testen Sie sich!

1. Fühlen Sie sich als halber Mensch, wenn Sie nicht mit Ihrem Partner zusammen sind?
   Ja = 1; nein = 0.
2. Sind Sie sicher, den Partner auch dann noch lieben zu können, wenn er ins Unglück geriete oder durch einen Unfall entstellt würde?
   Ja = 1; nein = 0.
3. Glauben Sie, daß ausgesprochene Liebesheiraten meist enttäuschen?
   Ja = 0; nein = 1.
4. Können Sie sich ein Leben ohne Ihren Partner vorstellen?
   Ja = 0; nein = 1.
5. Würden Sie seine Zahnbürste benutzen?
   Ja = 1; nein = 0.
6. Ist es für Sie ein echtes, inneres Anliegen, ihm immer wieder eine Freude zu machen?
   Ja = 1; nein = 0.
7. Haben Sie die Absicht, den Partner ein wenig zu erziehen, weil Sie einige kleine Angewohnheiten nicht mögen?
   Ja = 0; nein = 1.
8. Glauben Sie, daß Ihre Zuneigung im gleichen Maß erwidert wird?
   Ja = 1; nein = 0.
9. Sind Sie besonders glücklich, wenn Sie lange mit dem Partner allein sein können?
   Ja = 1; nein = 0.
10. Stellen Sie sich immer wieder eindringlich und mit einem besonderen Glücksgefühl vor, wie schön es ist, daß Sie immer mit ihm zusammensein können?
    Ja = 1; nein = 0.

Auswertung:
7 bis 10 Punkte: Man kann davon ausgehen, daß Sie Ihre große Liebe gefunden haben. Doch vergessen Sie nicht: Auch

eine große Liebe bedarf des ständigen Bemühens beider Partner.
3 bis 6 Punkte: Sie können zwar lieben, aber Sie scheuen davor zurück, dies Ihrem Partner offen zu zeigen. Versuchen Sie es einfach mal, vielleicht wird dadurch Ihre gemeinsame Zukunft viel glücklicher!
1 bis 2 Punkte: Bei Ihnen kocht die Liebe auf Sparflamme, und es fällt Ihnen sehr schwer, dem Partner dieses lauwarme Gefühlchen zu offenbaren. Eine intensive Ehekur wie zuvor beschrieben wäre genau das Richtige für Sie!

Doch was ist, wenn Ihnen der Partner mit dürren Worten mitteilt: »Meine Liebe zu dir ist nicht mehr das, was sie einmal war.«? Empfiehlt es sich dann, wütend oder verletzt zu reagieren und sich enttäuscht zurückzuziehen?

Liebe und Verliebtheit sind zweierlei

Nein, nein und nochmals nein! Weil nämlich dieser Satz entgegen der landläufigen Meinung und den unsterblichen Worten der Dichter der Anfang einer festen Bindung sein kann: einer Partnerschaft, in der man Vertrauen zueinander findet.

Nichts gegen die romantische Liebe. Wer sie erlebt, wandelt auf rosaroten Wolken, ist ungeheuer glücklich. Aber dieser Zustand ist oftmals nebelig oder hohl, zumal er meist mit wirklichkeitsfremden Hoffnungen verbunden ist. Wie die so oft besungenen zwei Königskinder scheinen jene Partner, die diesem Traum nachhängen, sich nie zu finden. Weil die *Verliebtheit* in jeder Zweierbeziehung die eigentliche Bedeutung der Liebe verdunkelt. Denn:

- *Die Verliebtheit ist unrealistisch.*
  Das Bild jenes Liebespaares, das händchenhaltend am Waldrand sitzt und den Sonnenuntergang betrachtet, zeigt doch nur die Scheinwelt verträumter Gemüter auf. So aber leben die Menschen nie zusammen, vielmehr sind sie in enge Woh-

nungen eingepfercht, wo sie mit allen Vor- und Nachteilen des anderen konfrontiert werden. Durch die Verliebtheit werden die Partner also noch mehr getrennt, weil sie nach einem Ideal zu greifen versuchen, anstatt nach der wirklichen Person.

- *Die Verliebtheit hat mit der wahren Liebe nichts zu tun.*
  Deshalb sollte jeder, dem an einem harmonischen Zusammenleben gelegen ist, den Wunsch nach der romantischen Liebe verdrängen. Bleiben Sie lieber realistisch, indem Sie sich fragen, welche Eigenschaften Sie an Ihrem Partner besonders schätzen, und betrachten Sie diese Qualitäten als Grundlage Ihrer Partnerschaft. Nur so nimmt die Liebe tatsächlich Formen an, und Zuneigung, Anteilnahme und Fürsorge werden Bestandteil einer festen Bindung.

- *Die Verliebtheit stellt zu hohe Anforderungen.*
  Ob beabsichtigt oder nicht – die Verliebtheit setzt die Paare häufig unter Druck. Er liebt sie und hat daher kein Verständnis, wenn sie mal allein oder mit Freunden zusammensein will. »Er hängt an mir wie eine Klette!« beklagt sie sich. »Überallhin rennt er mir nach, und wenn ich mal anderer Meinung bin als er, fühle ich mich schuldig!«

  So wird dem anderen schnell der Freiraum genommen, ihm fehlt die Luft zum Atmen, wenn die Erwartungen des Partners nach Zuneigung zu hoch geschraubt sind. Und selbst dort, wo die Forderungen gegenseitig sind, wird einer der Partner wahrscheinlich im Laufe der Zeit daran erstikken.

  Im Zusammenleben muß es aber ein gegenseitiges Gleichgewicht geben. Keiner sollte versuchen, wie auf einer Wippe die Balance zu halten, es würde ihm nicht gelingen. Vielmehr kann nur ein Wechsel von Geben und Nehmen das Gleichgewicht halten. Zwar möchten viele Menschen das Gefühl haben, etwas Besonderes für den anderen zu sein, aber eine Besitzergreifung bis an den Rand des Wahnsinns führt nur zur Selbstzerstörung.

- *Die Verliebtheit verlangt bedingungslose Anerkennung.* Immer wieder kann man Ehemänner klagen hören: »Meine Frau versteht mich nicht.« Der Grund ist in der Sexualität zu suchen. Verweigert sich die werte Gattin oder läßt sie die körperliche Liebe zuweilen unbeteiligt über sich ergehen, kann der Mann oft nicht verstehen, daß sie in diesem Moment gar kein Verlangen nach Sex hatte. Er erwartet aber von ihr bedingungslose Liebe und Anerkennung, und natürlich verbindet er diese Erwartung mit dem Sex! Woran liegt's? Vielleicht hat er in seiner Kindheit unter Liebesentzug gelitten und ist nun der Meinung, daß ihm seine Frau all das gibt, was er als Jugendlicher vermißt hatte.

  Jeder von uns sucht unbewußt nach einem Partner, der ihn für das entschädigt, worauf er früher verzichten mußte, und die Verliebtheit verleitet uns zu dem Glauben, dieser Wunschtraum ginge endlich in Erfüllung. Doch bestenfalls können wir erwarten, daß der Partner einfühlsam und verständnisvoll ist.

  Denn niemand wird unsere Wünsche je vollkommen verstehen, daher sollten Sie in Ihrer Partnerschaft nicht immer mehr fordern, sondern das gutheißen, was Sie haben – und sei es noch so unvollkommen.

- *Die Verliebtheit setzt voraus, daß der Partner Gedanken lesen kann.* Viele verliebte Menschen sind stolz darauf, wenn der Partner die Gedanken des anderen lesen kann – ja, sie verlangen sogar, daß er die eigenen Gedanken mit einer gewissen Übersinnlichkeit erfaßt. Doch in unserem Innern wird dadurch unser Selbstbewußtsein verletzt, ob wir nun lieben oder nicht. Trotzdem wird das Gedankenlesen immer wieder praktiziert.

  Ein Ehemann kommt von der Arbeit nach Hause und wird von seiner Frau begrüßt. Aber sie ist sofort beleidigt – hat er doch nicht ihre neue Frisur bemerkt! Einfacher wäre es gewesen, wenn sie gefragt hätte: »Wie gefällt dir meine neue Frisur?« Aber nein, sie setzt voraus, daß er die

Veränderung spontan bemerkt! Tat er jedoch nicht, denn er war sofort eingeschnappt, weil ihm seine Frau nicht ansah, daß er Ärger im Büro hatte! Deshalb verliert er auch später darüber kein Wort ...

Solange die Paare sich aber nicht offen mitteilen, wenn sie nicht offen über ihre Erwartungen und Wünsche sprechen, wird die Verständigung stets schwierig und unübersichtlich bleiben. Unausgesprochene Botschaften aber lassen die Partner von einem Mißverständnis ins andere stolpern; es ist daher ein großer Irrtum, wenn wir glauben, das Gedankenlesen sei ein wichtiger Bestandteil einer Partnerschaft. Genau das Gegenteil ist der Fall – in der Liebe ist restlose Offenheit gefragt!

o *Verliebtheit begünstigt die Unterwürfigkeit.*
Früher hieß es, Männer müßten die Frauen beschützen – was für die Ehe ungeheuer negativ war: sorgte dieser Umstand doch für ein Ungleichgewicht. Keiner der Partner fühlte wirklich so, wie er sich darstellte, und doch wurden beide von dem ihnen aufgezwungenen Rollenverhalten gequält. Der Mann mußte Stärke und Entschlußkraft beweisen, die Frau hatte sich schwach und hilflos darzustellen, mußte im Bett gefälligst stillhalten und hatte auch sonst nichts zu vermelden. Dabei ging oft die Liebe zu Bruch – läßt sie sich doch nur verwirklichen, wenn sich beide Partner geachtet und anerkannt fühlen. Hat einer der beiden Kummer oder Sorgen, geben ihm ein paar Worte des anderen den größten Halt und die Bereitschaft, ihm zuzuhören – und nicht darin, daß sich der andere ständig für ihn aufopfert.

Heute haben die Menschen endlich begriffen, daß Mann und Frau ähnliche Empfindungen und Bedürfnisse haben und über eine ähnliche Intelligenz verfügen. Zwar haben die Partner verschiedene Talente und Aufgaben, in ihren menschlichen Bedürfnissen sind sie jedoch gleich. Sowie beide Partner ihre Gleichheit anerkennen, werden sie aus dieser Übereinstimmung Nutzen ziehen können.

- *Verliebtheit besagt: auf seinem Recht beharren.*
  Zwar haben beide Partner recht in der Art ihrer Empfindungen, doch kommt es nicht selten vor, daß der eine dem anderen sein Denken und Empfinden aufzwingen will. Über Ideen kann man diskutieren, nicht aber über Gefühle. Nur wer Verständnis für die Empfindungen des anderen aufbringt, sorgt für ein psychisches Gleichgewicht und seelisches Wohlbefinden.

  Hand aufs Herz: Wie wichtig ist es für Sie, recht zu haben? Erlauben Sie Ihrem Partner eigene Gefühle und Meinungen, obwohl sie Ihnen – vielleicht sogar heftig – gegen den Strich gehen? Eine Partnerschaft kann sich aber nur festigen, wenn der eine die Empfindungen des anderen ertragen kann, ohne sie als Bedrohung anzusehen.

  Ganz ehrlich: Was ist schon dabei, wenn der Partner mal schlechte Laune hat oder anderer Meinung ist? Wenn er mit einem Menschen befreundet ist, obwohl Sie diesen »völlig bescheuert« finden, wenn er sich gelegentlich eine Gedankenlosigkeit erlaubt?

  In einer echten Partnerschaft vertraut der eine dem Gesamtverhalten des anderen – seinen Worten, seinen Gesten, seinen Taten. So zeigt er ihm eine innige Zuwendung – und das ist mehr, als daß man sich ständig »Ich liebe dich« ins Ohr säuselt.

»Der Liebende gibt sich dem anderen, der Verliebte nimmt sich den anderen«, hat der Staatsrechtlehrer JOHANN JAKOB MOSER gesagt.

Daran hat sich bis heute nichts geändert: In einer Partnerschaft wird die Verliebtheit immer zu Problemen führen, weil eine menschliche Nähe nur entstehen kann, wenn die Zweiergemeinschaft nicht durch die Vorstellungen von romantischer Liebe verwirrt oder gar geschädigt wird. Zeigen sich aber zwei Menschen durch Zärtlichkeit, Zuneigung und Fürsorglichkeit, daß sie sich brauchen, werden beide bald ein Zusammengehörigkeitsgefühl entwickeln, das durch nichts zerstört werden kann.

Leidenschaft schafft nur Leid!

Aber auch mit der Leidenschaft ist das so eine Sache! Fast alle jungen Menschen ersehnen sich die leidenschaftliche Liebe, ein erhebendes Gefühl, das niemals enden soll. Die Leidenschaft ist jedoch nie von Dauer, sie flammt auf, verbrennt und verzehrt die Gefühle, dann fällt sie in sich zusammen, dämmert noch eine Weile dahin, bis sie ganz versickert. Leidenschaft entsteht, wenn sich der Mensch eine Veränderung wünscht, viele suchen sogar die Leidenschaft, wenn sie einen toten Punkt erreicht haben und ihr Leben langweilig geworden ist.

Bei der Leidenschaft wird der andere begehrt. Die Liebe hat dagegen das Ziel, mit dem anderen zu leben. Leidenschaft verlangt nichts anderes als den Augenblick, die Liebe umwirbt das ganze Wesen eines anderen Menschen mit all seinen Vorteilen und Unzulänglichkeiten. Nur sehr selten wird aus einer Leidenschaft eine Liebe, aus einer Liebe wird aber nie eine Leidenschaft erwachsen. Weil die Liebe nicht das zerstörerische Element beinhaltet, das in jeder Leidenschaft steckt. Leidenschaft ist selbstsüchtig, aggressiv, kriegerisch. Die Liebe ist friedfertig und uneigennützig.

Die Leidenschaft kann in jedem Alter entflammen. Zwar verlieben sich junge Menschen leichter als ältere, aber dies ist meist eine harmlose Variante der Leidenschaft. Von der verlokkenden Leidenschaft werden dagegen mehr die »reiferen« Jahrgänge zwischen vierzig und fünfzig gefesselt. Ja, es passiert sogar, daß Menschen mit siebzig oder achtzig Jahren von der Leidenschaft überfallen werden. Dann schenkt sie dem alternden Menschen eine immer ersehnte und nicht mehr erhoffte Erfüllung, verlangt aber dafür sehr bald einen schmerzvollen Verzicht – und er muß schließlich einen hohen Preis zahlen.

Kann man einer Leidenschaft widerstehen? Das ist nur möglich an ihrem Beginn. Bevor man von ihr vollkommen ergriffen wird, kann man den noch schwach glimmenden Funken austreten – was allerdings nicht immer gelingt. Denn zuweilen begegnet uns die berühmt-berüchtigte Liebe auf den ersten Blick, das blitzartige Zusammengehörigkeitsgefühl. Die Leidenschaft kann in Sekundenschnelle entstehen, aber ihre Unabänderlichkeit ist im ersten Moment noch nicht erkennbar, so daß der Mensch keinen Anlaß sieht, vor ihr flüchten zu müssen.

Die Leidenschaft läßt den Menschen neu aufleben. Sie setzt ihn in Flammen und erweckt in ihm den Wunsch, anders zu werden. Plötzlich genügt ihm nicht mehr, was er ist und hat, er glaubt, daß ihm die große Liebe bisher vorenthalten blieb, aber jetzt ist sie unvermittelt da!

Die Ursache der Leidenschaften ist stets im Unerfüllten zu suchen. Man will endlich ohne Rücksicht auf die anderen leben, ohne Rücksicht auf die Angehörigen und Verpflichtungen, ohne die Fesseln des Alltäglichen, ohne Erinnerung. Das gibt dem Menschen das Gefühl grenzenloser Freiheit. So gleitet er im Rausch der Schwerelosigkeit über die Abgründe des Lebens, lebt außerhalb seiner durchschnittlichen, bürgerlichen Existenz in der Höhenluft des Außergewöhnlichen – bis er abrupt aufwacht und abstürzt oder im gefährlich flatterigen Gleitflug auf den Boden der Tatsachen zurückkehrt. Dann zeigt sich, ob er erneuert und verwandelt ist oder ausgebrannt und verzehrt.

Die Leidenschaft bringt fast immer Leiden. Wer von ihr befallen wurde, hat sie am Hals, und sie kann ihm die Luft nehmen. Was kann da der Partner eines Leidenschaftlichen tun, wenn er diese Gefahr erkennt? Am besten zeigt er Mitleid mit ihm! Mitleid vor allem mit dem unausweichlich herannahenden Erwachen. Er sollte stets bereit sein, dem Hilflosen – ja, die Leidenschaft macht hilflos! – beizustehen, die Knoten des Gefesselten wortlos zu lösen. Man kann dem Partner auch helfen, indem man vor der reinigenden Kraft der Leidenschaft Hochachtung empfindet. Mitleid und Hochachtung können aber nur aus verstehender und verzeihender Liebe kommen, die den Leidenschaftlichen eines Tages auffängt und ihn in sein Leben zurückführt. Doch leider werden zahlreiche Ehen aufgrund der Leidenschaft geschieden, und meist stellt sich später heraus, daß sie nicht hätten zerbrechen müssen, wenn der Partner des Leidenschaftlichen das Wesen der Leidenschaft und ihre Grenzen erkannt hätte. Der Leidenschaftliche ist nämlich blind, und der Partner sieht sich gedemütigt und beleidigt. So geschieht es, daß es zur Trennung kommt und die Leidenschaft zu einer Ehe führt – die sich sehr schnell als Irrtum erweist. Weil sich eine Leidenschaft niemals in der Alltäglichkeit einer Ehe halten kann.

Was schützt uns am besten davor, daß wir plötzlich von einer Leidenschaft überwältigt und vernichtet werden? Die Leidenschaft zum Leben! Wer es versteht, seine Seele vor der Alltäglichkeit zu bewahren, wer seinem Leben tagtäglich Sinn und Esprit zu geben vermag, wer dem Partner immer wieder seine Liebe zeigt (die natürlich erwidert werden muß), der ist vor den Gefahren der Leidenschaft ziemlich sicher.

Kann eine Ehe »ausgewogen« sein?

Hier sei allerdings die Frage gestattet: Wenn zwischen zwei Partnern alles »stimmt«, wie ausgewogen muß dann ihre Ehe sein?

Ausgewogen bedeutet gleichberechtigt, und seit Jahrzehnten wird eine Partnerschaft auf solch einer Basis immer wieder beschworen. Das klingt ja theoretisch auch sehr schön, aber in der Praxis sieht's immer noch anders aus. Zwar beteiligen sich die Männer mehr am Familienleben, was die Ehefrauen durchaus begrüßen. Und die Herren helfen auch mehr als früher im Haushalt — doch ihre Einsatzkraft hält sich immer noch sehr in Grenzen, auch wenn die Frau zusätzlich berufstätig ist.

Sollen die Frauen also weiter verbissen darum kämpfen, daß der werte Göttergatte ihnen mehr zur Hand geht? Oder sollen sie ihn mit seinem Bier vor dem Fernseher hocken lassen – und unglücklich darüber sein, daß sich die Gleichberechtigung doch nicht realisieren läßt?

Beide Extreme funktionieren nicht, weil sie zwei Irrtümer enthalten:

Irrtum Nummer eins ist der Glaube, daß man in der Ehe alle Bereiche zu jeder Zeit exakt aufteilen muß. Halbe-halbe läßt sich einfach nicht verwirklichen, weil die Ehe so wechselhaft wie das Wetter ist. Mal ist die Frau vielleicht die über alles verehrte Person, weil sie ihm bei der längst fälligen Steuererklärung hilft, dann wieder ist sie ihm völlig schnuppe, weil es den Europa-Pokal im Fernsehen gibt. Daher wird es auch in den »ausgewogensten« Ehen niemals ein fifty-fifty geben, sondern statt dessen mal neunzig zu zehn für ihn und wenig später fünfundneunzig zu fünf für sie stehen.

Irrtum Nummer zwei ist die Ansicht, daß es sich nur in einer hundertprozentig gleichberechtigten Ehe gut zusammenleben läßt. Daß nämlich das Ideal von der Gleichheit in der Ehe nicht funktioniert, zeigt die Tatsache, daß man in der vergangenen Zeit mit verschiedenen Modellen der gleichberechtigten Ehe herumlaborierte, weil sich der Idealzustand der Ausgewogenheit nicht einstellen wollte.

Ein Modell waren die »Unzertrennlichen«, die sich bei jeder Entscheidung zusammensetzten und stundenlang darüber berieten, was zu tun sei. Selbstverständlich hatten sie zu Beginn ihrer Ehe beschlossen, jede freie Minute gemeinsam zu verbringen – doch als das Baby da war und sie es stillen und wickeln mußte, zog er es lieber vor, sich das »unheimlich wichtige Heimspiel« auf dem Fußballplatz anzusehen. Seitdem war er jeden Sonntag bei seinen Kickern ...

Die »Pflichtenteiler« legten zu Beginn ihrer Ehe genau fest, wer was zu tun hatte, und man schwor sich hoch und heilig, diesen »Dienstplan« auch exakt einzuhalten. Einige Zeit ging das auch gut, aber dann mäkelte sie eines Tages an den schlecht geputzten Fenstern herum. »Ich kann's eben nicht besser«, sagte er – worauf sie die Scheiben neu reinigte. Sie tut es auch heute immer wieder, hat sogar weitere seiner Pflichten übernommen, denn: »Wenn du mit meiner Arbeit nicht einverstanden bist, dann mach's doch besser!«

Den »Harmonischen« war es völlig gleichgültig, was der andere tat oder nicht – die Hauptsache war, daß sich beide das gleiche Quantum an Liebe zukommen ließen. Das klappte aber auch nicht, weil der eine dem anderen mit den Worten »Ganz, wie du meinst« immer mehr auf die Nerven ging und ihn schließlich zum Explodieren brachte: »Himmeldonnerwetter, hast du eigentlich keine eigene Meinung?«

Eheberater haben herausgefunden, daß die größten Ehekrisen durch das »Ganz, wie du meinst« heraufbeschworen werden, es sei der sicherste Weg zu Streit, Verbitterung und Enttäuschung. Und nicht nur derjenige, dem das Sagen und die Entscheidungsbefugnis aufgebürdet wurden, leidet darunter, auch sein Partner – wenn er bevormundet wird.

Wird es also jemals zur Gleichberechtigung in der Ehe kommen? Vielleicht. Allerdings müssen vorher die Menschen von dem Irrglauben Abschied nehmen, man könne eine Ehe exakt in zwei Hälften aufteilen. Weil zwei Menschen niemals wie ein Ei dem anderen gleichen und daher auch nicht ihre Fähigkeiten und Zuständigkeiten fair aufteilen können. Was aber nicht heißen soll, daß die Partner den *Geist* gleichberechtigter Teilhaberschaft außer acht lassen sollten – womit die gegenseitige Anpassung sowie das Geben und Nehmen gemeint sind.

Welcher Partner ist der richtige?

Jeder Mensch ist auf der Suche nach seinem »Typ«. Der Typ – das sind die Vertreter des anderen Geschlechts, die eine unmittelbare, rein äußerliche Anziehungskraft auf uns ausüben, Figur, Gesichtsform, Haut und Haar, Gang und schließlich auch Kleidung – aus alldem setzt sich »unser« Typ zusammen, und von ihm nehmen wir an, daß er zu uns paßt. Bei der Mehrzahl der Menschen liegt die Anziehungskraft im Gegensatz: Blonde verlieben sich in Brünette und umgekehrt, Männer mit scharfem Profil verlieben sich in Mädchen mit Stupsnasen, und die Herren von einsachtzig aufwärts pflegen vorzugsweise kleine bis höchstens mittelgroße, zierliche Frauen an ihr Herz zu drücken. Umgekehrt entwickeln die figürlich etwas zu kurz gekommenen Herren eine Neigung, sich an Walküren hochzuranken. Ein anderer Teil der Menschheit findet in Gleichartigen »seinen« Typ: Blond verliebt sich in blond oder lang in lang. Aber dieser Teil ist in der Minderheit.

Nun ist die Festlegung auf einen bestimmten Typ im allgemeinen eine Angelegenheit weiblicher und männlicher Teenagerjahre, die von äußerlichen Dingen bestimmt wird, und man wird erst mit den Jahren dahinterkommen, daß das nicht die Grundlage des Zusammenpassens ist. Es kommt vielmehr auf die Persönlichkeit des anderen an, aber wenn man jung ist, weiß man das noch nicht, und die wenigsten spüren intuitiv, wer die oder der Richtige ist.

Wer aber ist für wen geschaffen? Wenngleich heute immer wieder behauptet wird, daß es keine Standesunterschiede mehr gibt, so stellt die Abstammung aus ungefähr gleicher gesellschaftlicher und Bildungsschicht zwar keineswegs eine Garantie des Zueinanderpassens dar, sie ist aber eine recht solide Voraussetzung. Die zweite günstige Möglichkeit ist das Arbeitsteam. Junge Menschen, die sich im Beruf kennenlernen, womöglich auf ein gemeinsames Ziel hinarbeiten, zusammen eine Praxis eröffnen, ja ganz allgemein gemeinsame Interessen haben, passen schon in einem sehr wichtigen Teil ihrer Lebensgemeinschaft zueinander. Und auch die gleiche Richtung im Religiösen darf nicht unterschätzt werden.

Allerdings wird es sich niemals mit der Präzisionswaage auswiegen lassen, wer zu wem paßt. Die Frage, ob ein Mensch, an den man sich bindet, mit dem man sich verbindet, sich als der ideale Partner entpuppt, ist tatsächlich eine Lebensfrage. Dieses Zusammenpassen aber steht fast immer erst am Ende einer gewissen Bemühung. Dies wird erst dadurch erreicht, daß man eine Zeitlang miteinander gelebt, den Alltag erlitten und den Sonntag genossen hat. Nur in der Realität des Lebens und in der nüchternen Alltäglichkeit der Ehe erweist es sich allmählich, wer zu wem paßt.

Kann man nun dieses Zusammenpassen nicht doch vorher einigermaßen bestimmen und abstimmen? Ja – unter der Voraussetzung, daß man nicht den Menschen sucht, der einen ergänzt, der die eigene Leere ausfüllt, sondern jenen, der mit mir zusammen den Abschleifprozeß des Lebens durchzuführen in der Lage ist. Doch leider gibt es immer noch viele, die den ersten Besten auswählen und sich später darüber beklagen, daß die große Liebe ausblieb und sie »eigentlich« etwas ganz anderes vom Leben erwartet hätten.

Hierin sündigen ebenso viele Frauen wie Männer. Besonders, wenn sie frühzeitig eine Enttäuschung erlitten haben. Eine solche Desillusionierung kommt leicht zustande, wenn man zu schnell entschlossen oder aus Angst vor der Einsamkeit nach einem Partner greift, zu dem man nicht paßt, weil er zu weit unter oder über dem eigenen Lebensbereich steht. Und besonders die Frauen lassen den Mann, mit dem sie sich dann begnügen, genau spüren, daß er zur »Reservebank« gehört und auf dem Spielfeld ihres Lebens nur zugelassen wurde, weil der eigentliche Spieler unprogrammgemäß ausfiel.

Nicht wenige dieser Frauen blicken so auf ihre Männer herab. Beim näheren Hinschauen stellt es sich dann heraus, daß schon der Erstgewählte deswegen verlorenging, weil sie sich nicht um ihn bemühten. Doch irgendwann wird auch der brave Packesel und Ersatzmann einer solchen Frau davonlaufen. Denn sie führt zwar auf seine Kosten ein sorgloses Leben, macht viele kostspielige Reisen und vieles andere mehr; trotzdem hat sie partout nichts für ihn übrig und kommt niemals auf den Gedanken, wenigstens etwas Anhänglichkeit oder Verwöhnung zu geben. Vielmehr glaubt sie, ihre geistigen und körperlichen Vorzüge seien so hinreißend, daß sie nicht nur den Reichtum ihres braven Mannes verdient, sondern noch dazu die Verehrung zahlreicher Bewunderer. Doch eines Tages wird eine solche an einer geradezu grotesken Selbstüberschätzung leidende Frau vereinsamt, wenn nicht gar völlig verarmt sein.

Die schlimmen Vergleiche

Männer hingegen können sich mit der Regelmäßigkeit der Ehe und dem dauernden Zueinandergehören kaum jemals ganz abfinden. Sie sind permanent auf der Suche. Wenn sie den Frauen auf der Straße nachschauen, wenn sie ihnen bei einem gesellschaftlichen Anlaß oder einer Verhandlung im Büro begegnen, dann ist es meist ein absichtsvolles Nachschauen oder ein nur von der Vernunft gebändigter Heißhunger »nach etwas ganz anderem« – wenn sie nämlich an bestimmten Eigenschaften ihrer Ehepartnerin ermüdet sind.

Tatsächlich ist diese Art des Nachschauens und Begehrens eine Untreue, weil der betreffende Mann seine Frau sozusagen mit jeder ihm begegnenden Frau vergleicht. Aber keine Frau kann dem Vergleich mit einer großen Anzahl anderer Frauen standhalten. Vielleicht hat die erste der Vorbeigehenden schönere Augen, die zweite einen beschwingteren Gang, die dritte hübschere Beine, die vierte zartere Fesseln, die fünfte ein »geradezu himmlisches« Lächeln, die sechste hat ein aufregendes Parfüm. Jede von ihnen besitzt also einzelne Vorzüge und Eigenschaften, die eine einzelne Frau unmöglich alle zusammen vorweisen kann – die aber der ständig allen weiblichen Wesen nachblickende Mann am liebsten in seiner Frau vereint sehen würde.

Es ist daher verständlich, wenn eine Ehefrau dieses ewige Vergleichen als beleidigend empfindet. Denn sie muß sich nicht nur an einer anderen messen lassen, sondern soll statt dessen alle Frauen übertreffen, um sie solchermaßen aus dem Wunschdenken ihres Mannes herauszuwerfen. Weil sie das aber nicht kann, verfällt ihr Mann mehr und mehr seiner verletzenden Vergleichssucht und lebt weiterhin unbekümmert in einer Wunsch- und Traumwelt, die fern jeder Realität liegt.

Der Durchschnittsmann träumt also immerzu von einer vollendeten Frau, die gleichzeitig zwanzig, fünfzig ist, sowohl unschuldig als auch erfahren, die einerseits von allen Männern begehrt wird und ihm andererseits dennoch treu ist. Die gleichzeitig reich ist, aber gefälligst keine Wünsche äußert, die ebenso tüchtig mit aufgekrempelten Ärmeln den Haushalt führt und sich im gewagten Dekolleté als glänzende Gesellschafterin präsentiert.

Wüßten die Männer, daß ihre Phantasiegestalten eben nur in Träumen vorkommen und niemals in der Wirklichkeit, wären diese Träume bedeutungslos. Vor allem dann, wenn die Männer Humor besitzen und mit der rauhen Realität des Lebens umgehen können. Doch leider sind sie selten dazu in der Lage.

An diesen beiden Beispielen dürfte klargeworden sein, daß es den Traumpartner einfach nicht gibt, und daß man sich in der Frage, was für einen Partner man vom Schicksal verlangen kann, stets auf dem nüchternen Boden der Tatsachen bewegen sollte.

Die Schauspielerin X hätte ihren Mann nicht heiraten dürfen, weil sie ihn zwar als Stütze und Quelle braucht, sie aber andererseits nicht in der Lage ist, für das, was sie entgegennimmt, auch etwas zu geben (außer ihre seltene Gegenwart). Unternehmer Y hätte seine Frau nicht heiraten dürfen, weil er wissen mußte, daß seine Frau all seine materiellen Gaben nur als Tribut und nicht als Geschenk entgegennehmen und seine schlichten Gefühle und seine Güte gar nicht verstehen würde. Er heiratete sie trotzdem – dafür muß er nun bezahlen! – aus Eitelkeit, um eine bildhübsche und geistvolle Frau an seiner Seite zu haben.

Frau X und Herr Y haben ihre Fähigkeiten überschätzt. Aber sie waren wenigstens in ihrer Art ungewöhnlich. Jeder hatte auf seine Weise etwas zu geben. Aber was soll man den Durchschnittsfrauen und -männern empfehlen, die weder äußerlich noch innerlich etwas darstellen und sich dennoch einbilden, sie seien die Größten und könnten jedermann für sich beanspruchen? Dieses Verhalten ist geradezu unverschämt – weniger die Unbescheidenheit der Wünsche und Träume (denn warum sollte ein armer Mann nicht vom Haupttreffer im Lotto träumen?) als vielmehr die Maßlosigkeit in der Einschätzung der eigenen Person, ihrer Vorzüge und Fehler, ihrer Fähigkeiten und der Grenzen ihrer Möglichkeiten.

Vor diesen Menschen, die von ihren Männern und Frauen feenhafte Eigenschaften, liebenswürdige Bescheidenheit und einen ständig goldenen Humor verlangen, ohne selbst etwas zu geben außer Unzufriedenheit, Kritiksucht und höhnischer Herabsetzung des Partners, muß gewarnt werden. Weil eine gute Ehe voraussetzt, daß die Menschen sich selbst beurteilen können, daß sie wissen, was sie zu geben vermögen und was sie nicht besitzen. Die sich nicht für einen Ausbund aller guten Eigenschaften halten und nicht für das Ziel aller Träume. Die es sich vorgenommen haben, mit dem Partner und all dessen Unzulänglichkeiten auszukommen, weil eben jeder Fehler menschlich ist.

Wie aber sieht es bei Ihnen aus? Kennen Sie Ihre eigenen Fehler? Wenn Sie die folgenden fünfzehn Fragen ehrlich beantworten, werden Sie schnell erkennen, wie es bei Ihnen darum steht. Sehen Sie diese Fragen aber nicht als ein Spiel an! Vielmehr sollten Sie Ihre Aufmerksamkeit darauf lenken, daß es vielleicht auch ein wenig an Ihnen liegt, wenn in Ihrer Ehe nicht mehr alles so ist, wie es sein sollte und wie es am Anfang war. Denken Sie deshalb über jede dieser Fragen gründlich nach und begnügen sich damit, einfach mit einem »Ja« oder »Nein« zu antworten. Weil dieser Test wie ein Spiegel ist: Es genügt nicht, sich darin anzusehen, wenn man schöner werden will. Sie müssen ganz dicht herangehen, sich sorgsam studieren und das Mittel gegen jede Falte entdecken. Nur so können Sie Ihre Ehe jung erhalten.

1. Sicherlich sind Sie gegenüber Gästen und Fremden recht höflich. Glauben Sie, daß dieselbe Höflichkeit auch gegenüber Ihrem Partner angebracht ist?
2. Selbst in der besten Ehe gibt es gelegentlich Ärger. Gelingt es Ihnen, Ihren ersten Zornesausbruch zurückzuhalten, wenn Ihr Partner irgendeinen Fehler oder eine Ungeschicklichkeit begeht?
3. Können Sie Ihren Partner so sehen, wie er wirklich ist, ohne daß Sie sich bemühen müssen, ihn mit einem abstrakten Ideal zu vergleichen?
4. Können Sie sich ohne jeden Neid über berufliche Erfolge Ihres Partners freuen?
5. Verkneifen Sie sich das Lachen über seine Schwächen und Ängste, um nicht die gegenseitige Aufrichtigkeit zu entmutigen?
6. Widmen Sie Ihrem Äußeren noch die gleiche Zeit wie in den Flitterwochen?
7. Viele Menschen ziehen es vor, ihre Probleme mit anderen

Personen zu besprechen als mit ihrem Partner – und beweisen damit, daß es ihnen an dem richtigen Vertrauen fehlt. Sind Sie frei von diesem Fehler?

8. Sind Sie frei von Eifersucht und können Sie es ertragen – ohne gleich eine Szene zu machen –, daß Ihr Partner gelegentlich einen anderen Menschen bewundert?
9. Können Sie, um die Empfindlichkeit Ihres Partners nicht zu verletzen, eine spitze Bemerkung zurückhalten, die Ihnen schon auf der Zunge liegt?
10. Bemühen Sie sich, stets pünktlich zu sein, auch wenn es »nur« Ihr Partner ist, der auf Sie wartet?
11. Können Sie darauf verzichten, bei der Unterhaltung mit Ihrem Partner immer wieder zur Sprache zu bringen, was er Ihnen vielleicht einmal an Unrecht angetan hat, was Sie aber längst vergeben hatten?
12. Vermeiden Sie es sorgfältig, Ihren Partner vor den Kindern in schlechtem Licht erscheinen zu lassen oder ihn lächerlich zu machen?
13. Bemühen Sie sich, die Wünsche Ihres Partners zu erfüllen, wenn er auf mehr Ordnung im Haushalt oder genauere Einhaltung der Finanzen drängt?
14. Falls Sie Gäste haben oder eingeladen sind: Achten Sie dann darauf, daß Sie nicht die ganze Aufmerksamkeit nur auf sich lenken und auf Kosten Ihres Partners mit Ihrer Persönlichkeit glänzen?
15. Sagen Sie Ihrem Partner immer wieder, daß Sie genau das gleiche täten, wenn Sie Ihr Leben noch einmal von vorn beginnen müßten, und vor allem: daß Sie ihn bestimmt wieder heiraten würden?

Wie oft haben Sie »Ja« gesagt?

Falls Sie eine bis vier Fragen mit »ja« beantwortet haben und alle anderen mit »nein«, ist dies ein deutliches Warnzeichen. In Ihrem Eheleben hat sich eine gewisse Müdigkeit breitgemacht, vieles ist schon viel zu sehr zur Gewohnheit geworden. Bemühen Sie sich, etwas mehr Interesse zu zeigen, um Ihre Liebe zu neuem Leben zu erwecken.

Auch bei fünf bis acht »Ja« müssen Sie sich darüber im klaren sein, daß Ihrer Ehe Gefahr droht. Aber mit etwas gutem Willen und Beständigkeit werden Sie es schaffen, daß Ihre Partnerschaft wieder ganz so wird, wie sie sein soll.

Wenn Sie neun- bis zwölfmal »Ja« gesagt haben, brauchen Sie sich keine allzu großen Sorgen zu machen. Ihr Ehehimmel ist zwar zuweilen durch einige vorüberziehende Wölkchen getrübt, aber die Fundamente Ihrer Partnerschaft stehen bis jetzt auf festem Boden.

Ganz beruhigt können Sie sein, wenn Sie dreizehn bis fünfzehn Fragen mit »Ja« beantwortet haben. Sollten Sie trotzdem überzeugt sein, daß manches zwischen Ihnen beiden nicht mehr so ist, wie es früher einmal war, dann zeigen Sie diesen Test Ihrem Partner. Denn er ist nämlich derjenige, der seine Schlüsse aus ihm ziehen und sich wieder eine gewisse »eheliche Diplomatie« zulegen kann, so daß Ihre Gemeinschaft bald wieder unter einem strahlenden Stern stehen wird und Sie mit Ihrem Partner eine glückliche und erfüllte Liebesehe führen können.

Literaturhinweise

BERGER, ERIKA: Die Körpersprache der Erotik. Ariston Verlag, Genf/München 1990

BIERACH, ALFRED J.: Hinter der Maske: der Mensch – Durchschauen Sie Verstellung und Rollenspiel! Ariston Verlag, Genf/München 1988

BIERACH, ALFRED J.: In Gesichtern lesen – Menschenkenntnis auf den ersten Blick. Ariston Verlag, Genf/München 1990

BLUMENFELD, ESTHER, und ALPERN, LYNNE: Smile Connection – Lachen verbindet, Freundlichkeit lohnt sich. Ariston Verlag, Genf/München 1988

BRANDEN, N.: Wenn die Liebe dauern soll. Redbook, Los Angeles 1985

BUSCAGLIA, L.: Leben, Lieben, Lernen. Goldmann Verlag, München 1984

CARNAP, GEORG VON: Der große Unterschied – Mann und Frau sind nicht gleich. Ariston Verlag, Genf/München 1990

GOOD, NANCY: Wie liebt man einen schwierigen Mann? – Nöte und Chancen komplizierter Partnerschaften. Ariston Verlag, Genf/München 1988

GRANT, TONI: Die Chance, eine Frau zu sein – Rückbesinnung auf die Weiblichkeit. Ariston Verlag, Genf/München 1990

HALES, D.: Ihrer Ehe zuliebe. McCalls Publishing Co., New York 1986

HARRISON, B. und ROMNEY, R.: Giving Time a Chance: The Secret of a Lasting Marriage. Writers House, New York 1983

HOLLANDER, W. v.: Die Krise der Ehe und ihre Überwindung. Deutscher Verlag, Berlin 1953

KASSORLA, I.: Tun Sie's doch! Hestia Verlag, Bayreuth 1984

KEVIN, C. und P.: 30-Tage-Plan für eine gute Ehe. Cloverdale Press Inc., New York 1984

KLAGSBRUN, F.: Married People: Staying Together in the Age of Divorce. Bantam Books Inc., New York 1985

LACKNER, KARIN: Töchter und ihre Väter – Was sie bindet, was sie trennt. Ariston Verlag, Genf/München 1988

LANDSBERG, M.: Sich selbst besser verstehen. MacLean-Hunter Pub. Co. Ltd., Toronto 1970
MONTAGUE, L.: Scheidung aus Versehen. Verlag Das Beste GmbH, Stuttgart 1980
MÜLLER-MEES, ELKE: Was heißt schon Männersache! — Wider die Mechanismen des Machterhalts. Ariston Verlag, Genf/München 1990
NORWOOD, R.: Wenn Frauen zu sehr lieben. Rowohlt Verlag, Reinbek 1985
OBERLIN, URS-PETER: Schweige nicht, sprich dich aus! – Das Gespräch als Schlüssel zum Mitmenschen. Ariston Verlag, Genf/München 1986
PEALE, NORMAN VINCENT, und BLANTON, SMILEY: Aufforderung zum Glücklichsein – Wie sich alles zum Guten wendet. Ariston Verlag, Genf/München 1985
PETERSON, N.: Ehekrach ohne Verlierer. McCalls Publishing Co., New York 1983
SCHWARZ, RUDOLF und KARIN: Das Indianerprinzip – Das neue Rollenspiel der Geschlechter. Ariston Verlag, Genf/München 1989
SEARCH, G.: Eheberatung – eine letzte Chance? Verlag Das Beste GmbH, Stuttgart 1980
SENGER, GERTI: Was Frauen denken – Über Liebe, Partnerschaft, Treue, Sex. Ariston Verlag, Genf/München 1990
SENGER, GERTI: Gute Männer sind so! – Es wurde noch nichts Besseres erfunden. Ariston Verlag, Genf/München 1985
SENGER, GERTI: Noch einmal mit Gefühl – Was Frauen sich von Männern wünschen. Ariston Verlag, Genf/München 1986
SMEDES, L. B.: Forgive and Forget: Healing the Hurts We Don't Deserve. Harper & Row Publishers Inc., New York 1984
TAVRIS, C.: Kann eine Ehe ausgewogen sein? Woman's Day, New York 1984
WEINBERG, G.: The Action Approach. Glamour, New York 1970
WHITMAN, A.: Die Bausteine der Liebe. Woman's Day, New York 1980

Wölfl, Norbert: Die hohe Schule der Zärtlichkeit – Wie wir sie finden und bewahren. Ariston Verlag, Genf/München 1985

Zerof, H. G.: Glücklich zu zweit. Ehrenwirth Verlag, München 1982

Sachregister

A
Abschleifen, gegenseitiges 12, 192
Aggressionen 21 ff., 27
Alleinsein zu zweit 155
Alltag 21, 172
Alltagsstreß 160
Angleichung 12, 191
Angriff auf den Charakter 29
Ängste 196
Anteilnahme 183
Anziehungskraft 191
»Appetitholen« 70
Ärger 22, 196
Argumente 28
Aufmerksamkeiten 121
Ausbrüche, sinnlose 24
Auseinandersetzung 22 f., 31
Aussprache 89

B
Befriedigung 72
Bequemlichkeit 13 f., 17
Beruf 164, 167, 169, 192, 196
Berufsprotz 104
Beschimpfungen 23
Beschlagnahmen 14
Beschützerrolle 111, 113, 116 f.
Besitzangst 16
Bevormundung 106, 110 f., 117
Bewunderung 132

D
Dankbarkeit 161
Demütigung 41
Depression 86, 128
Dialog 11, 88
Diskussion 23, 38, 164, 166
Disput, ehelicher 11, 35

E
Ehe 11, 13 ff., 17, 21, 23, 33, 46, 63, 74, 80 f., 97 f., 139 f., 155 f., 162, 189 f., 192, 195 f., 198
–, tolerante 72
– und Urlaub 173 ff.
Eheалltag 13
Ehebruch 42, 62, 69
–, geistiger 69 f.
Eheberater 83 f.
Ehejahre, erste 32
Ehekrach 11, 21, 23, 27 ff., 38, 45 f., 168 f., 176
– vor Kindern 30
»Ehekur« 167 ff., 171 f.
Ehepannen 79
Ehezerstörung 79
Ehrlichkeit 18
Eifersucht 16, 55 ff., 59 ff., 172, 197
–, krankhafte 57 f.
Eigenschaften 195
Einbeziehen von Dritten 30
Einfühlungsvermögen 45, 160
Einsamkeit 155 ff.

Einzelwesen 12
Eltern-Ich 92 ff.
Empfindlichkeit 106, 197
Entfremdung 98
Entscheidungen, gemeinsame 121
Entspannungstechnik 129
Erotik 139 ff.
Erwachsenen-Ich 92 ff.
Erziehen 12, 32

F

Fehler 28, 34, 37 f., 45
Flitterwochen 13, 142, 196
Flucht zu sich selbst 173
Freiheit 16, 18
Freiraum 16
Fremdgehen im Geiste 70
Freundeskreis 163
Frigidität 144 ff.
Fürsorge, tyrannische 110 f.
–, zärtliche 117, 183

G

Gedankenaustausch 160
Gedankenlesen 184
Gehässigkeiten 28
Geheimnisse 74, 82, 170
Geizkragen 105
Gefühle 138, 162
Gelassenheit 38, 129
Geld 46 ff., 54, 162, 174, 197
Geliebte 62 f., 140
Geschenke 132
»Gesicht machen« 15
Gespräche 158 ff., 161, 164, 166
Geständnisse 74
Gesundheit 163
Getrennter Urlaub 175 f.
Gewohnheiten 14, 123 f., 181
–, männliche 124 f.
–, weibliche 126 f.
Gewöhnung 13
Gleichberechtigung 189, 191
Gleichgewicht 183, 186
–, seelisches 89, 92
Gleichgültigkeit 16
Gleichheit 190
Glück 17, 98, 139, 150, 181

H

Haßgefühle 41
»Hätte-Typ« 107
Hausarbeit 160, 163
Hausdrache 101 ff.
–, enttäuschter 101 f.
–, zarter 104
Haushalt 13, 168, 189, 197
Haushaltsplan 46
Herabsetzung 35
»Herr im Haus« 105
Hochachtung 188
Hochstimmungen 128
Höflichkeit in der Ehe 122 f., 196
Hörigkeit 57
Humor 17, 45

I

Idealpartner 192, 196
Individuum 16

Interessen, gemeinsame 192
Ironie 24

K
Kinder 32, 62, 66, 80, 86, 156, 160, 175, 197
Kinderwunsch 113 ff.
Kindheits-Ich 92 ff.
Kompliment 35
Kompromiß 11, 40, 79, 166
Konflikte 21, 24, 26, 38, 43, 92
Kontaktarmut 156
Kreativität 165
Krisen 98, 191
Kritik 33 ff., 38, 91, 170, 172

L
Lächeln 128
Launenhaftigkeit 127 f.
Leben allein 15
Leben zu zweit 15
Lebensenttäuschung 44
Lebenspartner 12
Leidenschaft 187 ff.
Libido 142
Liebe 13, 15 ff., 54, 56, 131, 137 ff., 142, 149, 181 ff., 185, 187, 190, 197
Liebesfähigkeit 181 f.
Liebhaber 66 f.
Lieblosigkeit 150
Lügen 53 f.

M
Machtkampf 29
Machtpositionen 21
Meinungsverschiedenheit 166
Minderwertigkeitskomplex 131
Mißbilligung 34 f.
Mißverständnisse 39
Mitleid 188
Monogamie 64
Moral 65
Mutter 108
Muttersöhnchen 107 ff.

N
Nachgeben 11
Nachlässigkeit 106
Nervenzustand 88, 130
Neugierde 106
Niederlagen 41
Nörgler 42 ff., 167
Nöte, seelische 91

O
Ödipus-Komplex 108
Offenheit 33, 73 f., 132, 185
Offensive 159
Orgasmus 67, 144 ff.

P
Partnerschaft 14, 86, 166, 182 f., 185 f., 188 f., 196, 198
Partnerschaftstypen 191 ff.
Persönlichkeitsentfaltung 91
Perversionen 72
Polygamie 64 f.
Probleme 11, 21, 40, 82, 85,

132, 157, 161, 196
–, praktische 91
Problemlösungen 162, 165 f.
Privilegien, männliche 96
Punkte, verwundbare 24

R
Rachegedanken 35
Rechthaben 30
Reife 90, 95
Respekt 16
Rivale 55 f., 59
Rollenverhalten 138

S
Sarkasmus 35, 164
Scheidung 23, 28 f., 68, 84 f., 86 ff., 176, 188
Scheidungsdialog 85
Scheidungsfallen 84
Schmusen 148
Schulmeistern 36
Schwächen 196
Schweigen 24
Seitensprung 42, 46, 59, 62 ff., 69, 71 ff.
Selbstbewußtsein 129
Selbstherrlichkeit 106
Selbstmitleid 128
Selbstwertgefühl 40
Sex 137 ff., 184
Sexualität 31, 67, 132, 162, 184
Sexualleben 141
Sichanpassen 11
Sichwandeln 11
Sorgen 89
Spott 35
Stimmungen 128
Streit 21 ff., 28, 90, 173
–, Abwürgen von 31
– ohne Ende 30
Streitehe 29
Streitpunkte 21, 23, 40, 46
Streitregeln 22
Streitschema 31
Streittaktiken 31
Streitverhalten 21
–, konstruktives 24, 30, 32 ff., 40
–, unproduktives 39
Szene 63, 66

T
Toleranz 72 f.
Transaktionsanalyse 92
Traumpartner 195
Treuebruch 68
Tyrann 104

U
Überempfindlichkeit 131
Überheblichkeit 128
Unhöflichkeit 15
Unordentlichkeit 39
Unreife 95
Unterbewußtsein 41, 97
Unterbrechen 158
Untreue 65 f., 68
Unzufriedenheit 167
Unzulänglichkeiten 132
Urlaub 172 ff.
–, getrennter 175

V
Vatertyp 106
Verdrängen 41
»Verführung« 148
Vergessen 42
Vergleiche 193 ff.
Vergnügen 81
Verhältnis 68, 70
Verletzen 29
Verliebtheit 182 ff.
Vernunftehe 56, 155
Verschwiegenheit 159
Versöhnung 26, 28 f., 42
Vertrauen 161
Verwandtschaft 163
Verwöhnen 110
Verzeihen 11, 42
Vorwürfe 36 ff., 45

W
Weinen 41
Widerspruch 162
Worte 18, 22
Worte als Waffe 22
Wünsche 40

Z
Zartgefühl 150
Zärtlichkeit 132, 143 f., 147 ff., 150, 186
Zeit 18, 139
Zerstreutheit 158
Zorn 89
Zufriedenheit 90, 103
Zuhören 40, 157 ff., 161, 164
Zuneigung 18, 33, 80, 139, 181, 183
Zusammenarbeit 80
Zusammengehörigkeit 97 f.
Zusammengehörigkeitsgefühl 155, 186
Zusammenpassen 192
Zusammenraufen 31
Zusammensein, körperliches 140 ff., 144
Zweisamkeit 133